OSCAR DE MILD LION (NADEGE SUEUR)

La femme qui murmurait à l'oreille de Jeff Bezos

OSCAR DE MILD LION (NADEGE SUEUR)

La femme qui murmurait à l'oreille de Jeff Bezos

Polar économique prospectif sur le monde d'après

Éditions Muse

Imprint
Any brand names and product names mentioned in this book are subject to trademark, brand or patent protection and are trademarks or registered trademarks of their respective holders. The use of brand names, product names, common names, trade names, product descriptions etc. even without a particular marking in this work is in no way to be construed to mean that such names may be regarded as unrestricted in respect of trademark and brand protection legislation and could thus be used by anyone.

Cover image: www.ingimage.com

Publisher:
Éditions Muse
is a trademark of
International Book Market Service Ltd., member of OmniScriptum Publishing Group
17 Meldrum Street, Beau Bassin 71504, Mauritius
Printed at: see last page
ISBN: 978-620-2-29778-3

OSCAR DE MILD-LION

LA FEMME
qui murmurait à l'oreille
de JEFF BEZOS

« Le monde de l'entreprise n'est pas gentil

Si vous voulez de la gentillesse,

prenez un chien. »

AVANT PROPOS

Je voudrais te parler Elon, ou Mark, ou Sheryl, ou Jeff, ou Larry, ou Bill, ou Steve ou les autres. Juste 5 minutes. Pas pour te convaincre, pas pour te forcer, tu en as déjà assez « on your desk ».

Déjà pour prendre connaissance de ta roadmap de l'année 2020.

Ou juste pour comprendre la mission que tu t'es fixé sur cette planète.

Si tu en as une.

Si je vous voulais vous épater, étaler ma science dès le début pour asseoir une légitimité que je n'ai en fait pas plus que vous, je dirais :

« Hypocrite lecteur, mon semblable, mon frère », prends ceci comme un roman, comme la volonté de vouloir inventer, ou réinventer, comme ils disent, un nouveau monde ensemble.

Pompeux, oui, et ça risquerait de vous pomper. Alors back to basics et laissons les Shadoks pomper seuls.

Jouons-la direct et authentique.

Le pic de cette crise sanitaire sans précédent étant atteint, il n'y a pas d'hommes à abattre, pas de femme à imposer, juste une opportunité à réduire quelques inégalités et répandre l'idée qu'il est possible de mieux cohabiter sur terre.

C'est ma modeste définition d'un monde meilleur. Et il y en a sans doute d'autres possibles.

Tous aimeraient que cette crise sanitaire, par la souffrance et les contraintes qu'elle a apportées serve in fine à quelque chose. Juste qu'elle ait un sens.

Alors, y- aura-t-il un BC 19 / AC19 (before COVID 19 / after COVID 19) dans notre ère ? Beaucoup en rêvent, certains en parlent, pas mal galèrent et n'ont pas vraiment le temps de s'en préoccuper avec leur trésorerie à zéro, mais peu agissent et nombreux sont d'ores et déjà qui cherchent à rétablir le monde d'avant.

Samedi dernier à la radio j'écoutais Marylin Maeso, professeur de philosophie, spécialiste d'Albert Camus et auteure « des Lents demains qui chantent». J'aurais adoré l'avoir en prof de philo.

Pour ce professeur, la philosophie est la science de l'humilité. Et l'humilité est importante dans cette période, alors que la crise sanitaire n'est même pas finie.

Dans le contexte actuel, nul ne peut rien prédire ni promettre, et prendre des mesures avec précipitation n'est pas forcément une bonne idée.

Mieux vaut prendre le temps de tirer les bonnes leçons de cette crise historique en prenant garde aux prophètes, aux polémiques et aux théories fumeuses qui s'écoulent à profusion. Ecouter et entendre, Profiter des opportunités sans précipitation, en conservant son optimisme et son espérance.

Avec toutefois, une précaution, celle de ne pas trop donner d'espoir, de susciter trop d'attentes, trop de rêves.... n'oublions pas qu'à l'ouverture de la boîte de Pandore, c'est l'espoir que l'on a laissé s'échapper en dernier car il est le pire des fléaux.

Ca calme.

Alors, après...

A celui ou celle qui ne partage pas cet idéal déjà quelque peu galvaudé d'un monde meilleur, je dirais « prends-le comme un exercice ».

C'est ce que l'un de mes managers me répondait lorsqu'il me demandait de réaliser une mission urgente qui s'adaptait mal à mon agenda déjà bien chargé mais qui surtout pour moi n'avait pas de sens.

Le sens, oui, parlons de sens. Un mot qui a lui-même plusieurs sens.

L'être humain est un animal en quête de sens.

Le capitalisme délibérément développé ces dernières décennies a fini par nier cette notion et sacrifié l'humain et la croissance seine et durable sur le bûcher des vanités et du profit. Quel qu'en soit le coût.

Redonner du sens, libérer les organisations, accroitre l'autonomie de chacun et calmer les appétits de profits infinis sur une planète où les ressources, elles, ne sont pas infinies : je ne l'invente pas, et je n'ai aucun mérite à le répéter, beaucoup le théorisent et légifèrent en Europe avec la Loi Pacte, la raison d'être ou les sociétés à mission. Donner du sens, dans le monde éduqué qui a un minimum baigné dans le monde des humanités. Et certains ont commencé bien avant la crise sanitaire.

Et je vais te dire un secret : il y a une nouvelle opportunité de marché à creuser et capter.

Ah oui, j'imagine ce que vous allez me dire ...

Non, je ne suis pas socialiste, de gauche, gauchiste, gauchisante, communiste, ou pire bobo.

Amis ultralibéraux en quête de profit ou modèle autoritaire qui cherche à dominer le monde, je ne prône pas le modèle socialiste ; et surtout ce n'est pas parce que je suis français que je prône un modèle pareil.

Les idées de Thomas Piketty me font flipper ; je pense modestement que le monde a trop bu les paroles de Von Hayek et de Milton Friedman ces quarante dernières années et qu'il serait de bon ton de revenir à un capitalisme plus raisonnable et sensé.

Avec par exemple un Etat en garde-fou du bien public, fondateur du bon sens commun vraisemblablement, gestionnaire en bon père de famille, organisé et contrôleur, protecteur, stratège et percepteur de mes impôts. Il semblerait que le terme de souveraineté redevienne à la mode...

Alors non, je ne suis pas socialiste. Comme toi ami terrien caucasien, éduqué et non discriminé pour mon apparence, ma couleur, mes idées, mon sexe ou ma religion , j'aime fanfaronner dans un cabriolet ou un 4x4 hybride sportif en famille, déguster des bons crus, une belle tranche de côte de bœuf saignante et des légumes bios par les cultivateurs locaux, profiter de la nature en randonnée ou à vélo, voyager à travers le monde et ses régions, si belles, si riches quoiqu'inégales.

J'aime par-dessus tout être rémunéré pour les risques que je prends ou pour la valeur ajoutée que je crée. Epicurien, Créatif, et rassembleur...

Et j'aimerais que ça dure, et que ça perdure pour moi, ma descendance, mes proches et la planète entière .Longtemps.

Mais assez parlé de moi.

Pour le roman, repartons du bullshit actuel en vrac :

- low-cost, automatisation, robotisation, financiarisation, deshumanisation, rationalisation, ROI, reporting, stress, flux tendus, juste à temps, à la minute, discrimination, processus et hiérarchies à outrance, désengagement, démotivation, fin de l'esprit critique et de l'esprit d'entreprise au travail.

- Burn-out, Brown-out, Bore-out en nouveaux maux du siécle… Bonheur au travail, Happiness Officer, Coaching et coaches de vie, bilan de carrières et de compétences en pseudo réponses.

Histoire de mettre un peu plus la grouille, pour ne rien oublier, sans name shaming :

- Déforestation, agriculture low cost boostée aux engrais chimiques et aux organismes génétiquement modifiés, nourriture enrichie d'huile de palme, extraction politique du pétrole, des gaz de schistes ou économie souterraine de la drogue, réchauffement climatique, contrats de complexes immobiliers et d'usines d'incinérations négociés via commissions douteuses, fraudes fiscales et électorales diverses, préférences nationales, familiales, discriminations à l'embauche, ZEP, ZAC, ZIP ,brexit, trou de la sécu, et crac boum hue…

- Génération X, Y, Z, millenials, gilets jaunes …

- EBITDAC… (Avec le C pour COVID 19)

- Algorithmes et produits financiers surréalistes et démoniaques, transhumanisme

- Et le reste du monde

- L'espace, les satellites Space X, la pollution de l'espace, la surveillance des météorites ,le GPS, la station spatiale internationale, les étoiles et les trous noirs

WTF.

Stop the BS.

Voyons donc en quoi, un roman peut changer le monde, au moins dans mon imagination.

« Un beau jour de 2020,

Jeff Bezos croisa un pangolin

Croyez-vous ce qu'il se produisit ?

Ce fut le pangolin qui perdit. »

PREMIERE PARTIE :

MAIS POURQUOI ?

START WITH WHY …

Les parties en présence, et les absents

« Stakeholders »

Chapitre 1 : Mais qu'est ce qu'il va faire de ce pognon de dingue ?

« Thanks Frédéric for the update.

-These socialists sound crazy to me. No Kidding! How dare they forget how much the company invested in France and Europe, nonwithstanding the employment we brought there.

Try to comply with their amazing rules and never forget to put pressure as much as you can. Get more from them. These guys are killing me. Donald is dumb but these ones are just outdated.

- OK Jeff, understood, talk to you later.

- Yeah, bye.

L'écran de la vidéoconférence s'éteint dans la salle du conseil de Seattle.

-« Alexa, lights on, please »

Notre illustre libertarien n'en revient toujours pas. Les yeux exorbités, les oreilles rougies et échauffées à entendre un bullshit pareil, des gouttes de sueur perlent encore sur son crâne.

Il reprend son calme et échange un sourire avec Brian, le CFO.

Le rictus en dit long : ces Français sont totalement dépassés. Pauvre vieille et riche Europe, une manne pour le business. Complètement largués les mecs.

OK Brian ,let's move on :

-Quick check en ligne sur les facturations de AWS. Définitivement, ces chiffres le remettent sur un petit nuage … super resilient. Anti-fragile. Pour lui, le bilan carbone acceptable et les serveurs amortis.

Riche idée encore de tout facturer de Seattle. En progression encore cette semaine, malgré la crise .Pourquoi faudrait-il reverser le tiers de ces revenus aux états ? Nonsense.

AMZN se porte bien sur le NASDAQ, well- Rendez vous avec Black Rock demain ? Parfait.

Parlons innovations.

Drones ?

KO. Décidément ces politiques ne pipent toujours rien à l'écologie, ils me font rire avec les accords sur le climat.

Lockers ?

fine. In line with budgets and projections. Payer des loyers… hum pas trop cher - renegociez les taxes -et le GO alors ?

Vous êtes surs qu'on a toujours besoin de l'AMT ?

l'Amazon Mechanical Turk, notre crowdsourcing, oui. Je crois qu'ils sont trop payés. Vu le confinement decrété en Inde, tu dois pouvoir downsizer ça.

Non, Jeffrey, notre IA n'est pas encore assez pertinente.

Les études quantiques n'aboutissent pas.

Well. Rien à racheter dans les parages pour la booster ? OK, tu me cales un point M&A début de semaine prochaine. 2 pizzas team, pas plus. Oui, merci.

-Prime video ?

Utilisations etnombre d'abonnés en nette hausse, pas cher et efficace. Le confinement aura été une riche idée, Thank you China, thank you the world. Thank you Pangolins and bats.

Même le Washington Post a vu augmenter son nombre d'abonnements en ligne.

Le monde est à moi. Me myself and I, first trillionnaire ever… Ma plateforme tourne comme sur des roulettes.

- Ok, et notre bébé spatial ? bien.

Personne n'a encore osé lui dire que c'est fou de passer ses journées à polluer la planète tout en ne rêvant que de vouloir conquérir l'espace.

<u>FICHE SIGNALETIQUE TRES SPECIALE</u>

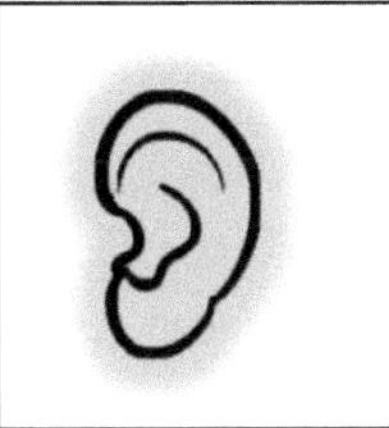

Jeffrey Bezos

Call me Jeff

Physique :

- D'un physique relativement banal, mais tout cela n'est pas très grave.
- la petite cinquantaine,

Enfance et Education : pas si facile

- Passionné d'ingénierie et d'astronomie
- Surdoué –haut QI
- Diplômé de Princeton

Carrière : impressionnante

Ce surdoué de l'informatique et de la finance est un des pères fondateurs du e-commerce en 1994, après un début de carrière réussi à Wall Street.

S'il apparaît aujourd'hui comme un magnat incontournable et un peu flippant de froideur, le développement de son empire des low cost x high volumes n'est pas un long fleuve tranquille et ne manque pas de susciter depuis sa création l'ire de ses concurrents, des avocats fiscalistes, de ses actionnaires et des Etats.

Amazon démarre par la vente de livres en ligne avant de devenir le « everything store » à succès que l'on connaît aujourd'hui. Côté au NASDAQ depuis 1997, il lui faudra sortir les rames et attendre 5 ans pour atteindre la rentabilité (2001 avec un bénéfice de 1 centime par action).

Génie du marketing et de l'écoute des besoins de ses clients, sa capacité impressionnante d'innovation se revèle par son catalogue des produits, sa logique de plateforme tentaculaire B to B to C et ses web services B to B très profitables.

L'homme arrive à paraitre tout à fait affable et extrêmement brillant ce qui fait de lui dès 1999 l'Homme de l'année du Time Magazine. Manager aux méthodes hyper productives, cassant, il est aussi désigné comme le pire patron de l'année en 2014.

Ses idées : libertarien, transhumaniste. No comment.

Chapitre 2 : Ursula en télétravail

Control+Alt+Suppr.

Control+Alt+Suppr.

Ursula reste stoïque à l'idée d'avoir perdu plusieurs minutes de travail. L'écran s'allume, Windows lance une mise à jour automatique, 1 sur 15379, bien.

Elle se fait couler un café à capsule avant d'appeler Bruno et Emmanuel.

Il faut leur parler du dernier Télégram d'Angela. Le message est clair, très clair, et était même prévisible. Sympathique négociation en perspective.

A elle de s'y coller, Son chef de cabinet est séropositif depuis avant-hier et vient de partir en quarantaine dans un sale état, elle est définitivement première et seule de cordée. Comme ils disent..

Ursula raccroche. On ne lâchera rien. Là aussi, le message est clair.

Retour devant l'écran : Identifiant, mot de passe, code token, sécurisation, cryptage, tout a l'air de bien se passer. Il est 21h47. Elle avale la dernière gorgée de caféine et repose sa tasse sur son bureau.

Le futur du travail, du capitalisme et de l'Europe redémarrent aujourd'hui, il n'y a pas de temps à perdre et elle le sait bien.

Pour elle, la fin de la crise sanitaire doit marquer le retour de la souveraineté des nations et des états unis d'Europe, à elle de lancer le grand ménage dans tout cela.

Ursula checke son agenda une dernière fois avant d'aller se coucher.

Rendez-vous demain matin en vidéoconférence avec Christine pour parler financement, la base de tout.

Déjeuner à la maison avec son frère : le futur sera digital, important de peaufiner ses connaissances en la matière.

Après-midi : groupe de travail en vidéoconférence sur les GAFAs et leur comportement avant et pendant la crise. Les drôles de personnages à la tête de ces poids lourds ont intérêt à bien se tenir… On ne lâchera rien. Foi d'Ursula…

Sure d'elle, confiante et apaisée, elle éteint la lumière du bureau et rejoint sa chambre et son mari.

Rien ne sert de courir, il faut partir à point.

« Alexa, lights off ».

FICHE SIGNALETIQUE TRES SPECIALE

Ursula Von der Leyen

EUROPA

Physique :

- Elégante, très beau port de tête, magnifique femme
- la petite soixantaine,

Enfance et Education : grande famille, grande histoire, grande Européenne

- fille d'un des premiers grands fonctionnaires de l'Union Européenne
- médecin de formation, passage à la LSE puis à Stanford
- polyglotte

Carrière : studieuse, sérieuse, elle fréquente les Hautes sphères

Ouest Allemande d'origine, née d'une très grande famille bourgeoise du Nord, une enfance passée en Belgique, en Allemagne, au Royaume Uni puis poursuite de son cursus universitaire plus tard à Stanford avec son époux.

Double ou triple formation de Médecin, et d'Economiste. Poste de chercheuse au département d'épidémiologie fin de siècle dernier.

Sa carrière politique démarre au début du 21eme siècle en Allemagne où elle occupe plusieurs postes successifs de ministres et implémente des innovations progressistes au ministère de la famille et du travail.

Adulée sur ses premiers ministères pour sa persévérance et ses actions, ses démarches au ministère des armées seront bien plus critiquées.

Proche de la chancelière Angela Merkel.

Nommée Présidente de la Commission Européenne depuis Juin 2019, première femme en place, qui pour la première fois de l'histoire n'est pas la dernière tête de liste prédominante aux dernières élections européennes.

Ses idées : membre de la CDU, progressiste et Européenne avec un grand E, pour le green deal et patiente avec le Royaume Uni en phase de brexit.

Chapitre 3 : François s'irrite du discours ambiant

"Ça commence à m'irriter, ce discours, cette petite musique". Répond-il au journaliste d'Europe 1 qui l'interviewe.

Oui, nombre de salariés ont souffert et souffrent encore des conséquences de la crise du coronavirus. Il le sait. Et ils ne sont pas les seuls.

Dirigeant de la PME familiale depuis 30 ans, 12 millions de chiffres d'affaires au compteur l'an passé et 140 salariés, président de la Confédération des petites et moyennes entreprises, ses 8 dernières semaines ont tourné au cauchemar avec le confinement.

Tours de passe- passe avec son trésorier, reports de charges et prêts, passage de 85% de ses employés en chômage partiel, négociations avec la BPI pour lui et ses syndiqués, des discussions à n'en plus finir sur les délais de paiement. Oui, merci, il le sait. Oui l'Etat a été à la hauteur pendant la crise, il le fallait. Quoiqu'il en coûte.

Maintenant, certains syndicats, à l'image de Laurent, à la CFDT, réclament qu'une discussion sur la hausse des salaires soit enclenchée. Et ça, ça ne lui plait pas du tout, mais pas du tout.

"Comment fait-on quand on ne sait déjà pas si on pourra garder ses salariés ? Augmenter les salaires, c'est quand on a des salariés. Il faut d'abord créer de la richesse avant de la dépenser. »

Outre les salariés, beaucoup de petites entreprises, comme des moyennes et des plus grandes, souffrent encore des mesures décidées par le gouvernement pour empêcher la propagation du virus. Et malgré les mesures décidées pour les accompagner dans ces temps difficiles, tels que le report des charges ou des prêts garantis par l'Etat, certains ont dû mettre la clé sous la porte

Les prêts, il faudra bien les rembourser un jour.

Les donneurs de leçon, cela fait longtemps qu'il en côtoie.

Les Français n'aiment pas les patrons. Chef d'entreprise depuis ses 29 ans, il en a rencontré des moralisateurs bien-pensants qui n'auraient jamais été foutus de faire tenir une boite aussi longtemps.

Manager les contraintes il connaît. Payer des impôts, il en est fier. Sa grande différence avec les grosses entreprises et plateformes multinationales, d'ailleurs.

Diriger 3 filiales en France et à l'international, Investir pour le futur, piloter 150 hommes de la manière la plus juste qui soit , en flux tendu faute de ressources compétentes, il essaie, qu'on ne vienne pas lui expliquer qu'il faut tout revoir.

Ce qui fait tenir un chef d'entreprise dans le temps c'est l'optimisme et l'espérance.

François sort de la radio et rentre dans un taxi. Installé, il décroche son téléphone pour joindre sa directrice de cabinet à la Confédération.

« Alexa, oui c'est François, vous m'avez entendu ? Oui . Bien. Vous m'avez trouvé comment ? «

- Plutôt bon, François. Plutôt bon. J'aimerais tellement que l'on se mette un peu plus à votre place.
- Merci Alexa, c'est vrai. toujours en télétravail Alexa ?
- Oui, François, les enfants sont toujours là, ils étudient à distance et ils gagnent en autonomie. Vous repartez pour Thouars ?
- Demain, pas aujourd'hui. Je vous laisse faire le compte rendu et m'envoyer l'agenda des vidéoconférences de la semaine prochaine avec Bercy.
- D'accord. Vous les aurez ce soir.

FICHE SIGNALETIQUE TRES SPECIALE

François Asselin

Dirigeant de PME

Moderne et engagé

Physique :

- Elégant, beau port de tête, leader, constructeur
- la petite cinquantaine,

Enfance et Education famille d'entrepreneur et leader

Excusez-moi, je dois en référer à Wikipédia pour les détails

- Issu d'une famille de charpentiers, François Asselin prend en août 1993, à 29 ans, la direction de l'entreprise familiale Asselin SAS, fondée en 1957 à Thouars (Deux-Sèvres) par son père Gérard Asselin, et qui compte alors 44 salariés
- Asselin SAS est une entreprise de charpente, menuiserie, ébénisterie et ferronnerie traditionnelle spécialisée dans la restauration des monuments historiques.
- Avec 12,6 millions d'euros de chiffre d'affaires en 2018, l'entreprise compte aujourd'hui 140 salariés sur trois sociétés et trois établissements secondaires en métropole, à la Réunion et aux États-Unis.

Par-delà son fort engagement patronal, vous noterez :

A la tête de la CPME, il représente les TPE-PME et défend leurs intérêts auprès des pouvoirs publics12 sur l'ensemble des réformes économiques et sociales (retraites, code du travail, santé au travail, etc.).

En tant que partenaire social, il défend depuis 2019 une refonte des règles du paritarisme selon trois principes : responsabilité, indépendance, transparence

Ses idées : l'optimisme, l'espérance, la construction paritaire de l'avenir et les hommes.

Chapitre 4 : Conversation féminine technocrate : Christine versus Angela

- Guten Morgen liebe AngUela.
- BonjourE ChristinE , KommentE allez-vous ?

Note de l'auteur : Pour des raisons pratiques visant à simplifier la compréhension du chapitre, le reste de la conversation sera retranscrit en français et sans accent

- Bien occupée, mais je vais bien, je vous remercie Angela.
  Ces programmes de rachats de dettes nous prennent effectivement pas mal de temps mais c'est un mal nécessaire pour nos hauts fonctionnaires européens et in fine une opportunité à saisir tout à fait incroyable.
  Nos indicateurs démontrent un bon retour des marchés.

- Sehr Gut.
  Vous devez vous en douter Christine, jamais je n'aurais pensé assister de ma vie à une telle opération.
  Tous les Lander ne sont pas conscients des bénéfices sur le long terme, mais compte tenu de l'impact anticipé sur notre industrie, les dirigeants de nos régions sont loin de rester sourds aux échanges avec leurs gros électeurs et gros pourvoyeurs d'emplois.

- Bien sans flagornerie, c'est une bonne chose pour le leadership de l'Allemagne au sein de l'union.
  Je vous appelle comme convenu pour préparer les mesures de relance monétaire qui accompagneront les actions de la commissions et des états en Juin puis à la rentrée de Septembre.
  Votre cabinet a reçu nos premières recommandations il y a 48 heures et je souhaitais recueillir vos premières remarques et répondre à vos questions.

- Ja, Doch.
  Nous sommes encore dessus et réalisons de premières projections chiffrées sur les impacts à 3, 6, 9, 12 et 18 mois, même si au-delà de cette date, je ne serai plus à la tête du gouvernement.
  Je devrais en reporter à la coalition. Je ne suis pas sûre que les Europabonds ou corona bonds les réjouissent beaucoup au moment où ils pourraient chercher à asseoir leur toute nouvelle souveraineté.
  Je suis quant à moi inquiète sur le nouvel ordre économique mondial qui pourrait découler de nos nouvelles obligations fiscales auprès des GAFA. De

nombreux industriels craignent un revers fâcheux et des pratiques protectionnistes outre Atlantique particulièrement nocives pour nos exports.

- Tout dépend si vous misez pour Joe ou Donald, liebe Angela.

- Chère Christine, je n'irai pas m'immiscer dans le débat et je préfère laisser ces deux filous s'entretuer devant les américains sur Fox ou CNN. Tant qu'ils ne cherchent pas à cyber hacker ou fausser nos élections fédérales à renfort de fake news.

- Votre système fédéral est bien trop solide. Même pour la Russie.

- Christine, vous avez sans doute raison. Notre Vladimir bottoxé a perdu de sa superbe même s' il y a d'autres oligarques derrière lui. Nos analystes sur le dark net nous indiquent que ce n'est plus réellement des Etats dont il faut nous préoccuper de toute façon.

- Je vois. Parenthèse intéressante. J'attends vos premiers retours et contre-propositions, si possible avant jeudi soir. Je ne dois pas tarder à faire suivre la note à nos autres membres.

- C'est très clair Christine. Sehr klar.Et Merci pour ce ladies first.

- Tchuss AngUela.cela m'a fait du bien une conversation sans testostérone.

- Tchuss ChristinE.

Fin de la vidéoconférence des 2 B.

Angela raccroche avec le sourire. Un petit pas pour la femme, mais pas forcément un grand bond pour l'humanité.

NB : Les 2 B : Berlin Bruxelles -Pas les deux blondes. J'arrête tout de suite vos vieilles habitudes de Vikings.

En parallèle, posée sur le bureau de l'un des 2 chefs de cabinets de ces grandes dames, Alexa avait bien enregistré la vidéo. Il ne restait plus qu'à envoyer le fichier à papa.

FICHE SIGNALETIQUE TRES SPECIALE ETCROISEE

Angela Merkel
Chancelière

« Mutti » depuis 4 mandats
Sur le départ
Généralement contre

Physique :

- Ossi,Wessi
- Mutti
- Remarquable, dans le sens digne d'être remarqué

Enfance et Education

- Ossi,Wessi
- Remarquable, dans le sens digne d'être remarqué, quoiqu'un poil contestataire pour la RDA

Carrière

- Physicienne, thèse de chimie quantique, rejoint le gouvernement Kohl avant même la réunification allemande.
- Putain, 4 mandats, pragmatique, manœuvre au-delà des coalitions et assure l'hégémonie allemande en Europe. Sa popularité s'érode en Allemagne au fil de ses politiques migratoires

Ses idées :

- La liberté, le pragmatisme, l'ouverture aux autres. Elle incarne l'hégémonie allemande contre sa volonté. « le meilleur SPD de tous les temps »
- La femme la plus puissante du monde
- Aurait trop ménagé la chèvre et le chou, ça fatigue à la longue

Christine Lagarde
Banquière de l'union

« What ever it takes »
Dans les starting blocks du développement durable

Physique :

- Green Marie-Antoinette
- Remarquable, dans le sens digne d'être remarqué

Enfance et Education

- A peu près première en tout, à la force de ses petits bras, elle dépote.
- polyglotte

Carrière :

- A peu près première en tout, à la force de ses petits bras, elle dépote, mesure, anticipe, prévient et finance.
- Avocate, femme d'afffaires, femme politique française, mondiale et Europénne, à la tête de la BCE depuis fin 2019. Just on time pour la COVID party.

Ses idées :

- Evoluent au fil du temps t de ses missions majeures
- Font d'elle une des femmes les us puissantes selon Forbes
- Vers un green deal Européen
- What ever it takes

Chapitre 5 : Emmanuel prépare la prochaine Assemblée Générale de Danone.

Chapitre 5 : Emmanuel prepare son AG

« Alexa, lance le powerpoint AG 2020 E.Faber », crie Jeremy.

« Homo Faber, Homo Sapiens, Homo ludens» répond Alexa

Emmanuel explose de rire. « Merci, même si je ne suis pas sûr d'être tout ça. Alexa, la nouvelle main basse sur la cité ? Il faudra que j'en parle à ton créateur mon amie ».

Philosophe, Jeremy reste calme, éteint Alexa et reprend la main sur la présentation. En tant qu'assistant personnel non virtuel, il s'apprête à récapituler les grands objectifs du prochain vote d'actionnaires.

- « Notre Assemblée Générale 2020 permettra à Danone d'être le premier grand groupe français côté au CAC 40 à passer au statut de société à mission, tel que décrit par la Loi Pacte.

  Ceci constitue un engagement fort, mesurable et objectivé pour le futur, travaillé depuis de nombreuses années par les dirigeants successifs et l'ensemble des femmes et des hommes qui travaillent pour Danone, tant en interne, qu'en externe, à l'international ou en local, dans chaque pays avec l'ensemble de nos filières et producteurs locaux situés au plus près des consommateurs, nos clients.

  Dans un contexte sanitaire et économique sans précédent, la force de notre groupe agroalimentaire multinational, le dixième groupe mondial du secteur, est d'être prêt collectivement pour les prochaines étapes de sa croissance durable.

  En ligne avec notre mission 2030, « notre ambition est d'être l'entreprise qui embrassera le mieux la révolution de l'alimentation ».

  Danone se présente comme jamais au service de marques dites engagées qui poursuivent un engagement fondé sur des enjeux sociaux, de santé et environnementaux tout en générant une croissance durable et rentable.

  Ce statut, au-delà de notre raison d'être qui consiste à «Apporter la santé par l'alimentation au plus grand nombre » nous oblige à organiser collectivement notre activité de manière inventive pour rendre concrète cette contribution.

- Ok Jeremy, Merci. un peu pompeux peut- être, et long mon ami, trop long… à Pacte, j'ai commencé à décrocher. Ça manque de concret je trouve.

- D'accord Emmanuel, merci. Je pensais citer les exemples après, Les 2 vaches et leurs pots recyclables, produits à partir d'éléments naturels, la fin du polystyrène dans nos contenants d'ici 2024. Notre laboratoire de réflexion sur la réduction des emballages et nos démarches de lobbying pour la mise en place de systèmes de consigne. Quand on pense que l'Indonésie recycle davantage que la France.

- Bien, structurez davantage cette partie alors, toutefois, ne faites pas crouler l'auditoire sous vos chiffres et vos exemples.

  Faites le lien avec l'Economie Circulaire. Et surtout, il vous manque toute une partie de détails sur la gestion de la crise COVID 19 et notre responsabilité d'employeur et d'acheteur : Nous avons assumé totalement la problématique du chômage partiel en interne, sans le moindre recours à l'état en France, parce que nous étions en mesure de le faire économiquement. Ce n'est pas responsable ça ?

  Nous avons soutenu des petits producteurs locaux, en France, touchés de plein fouet par la fermeture des restaurants, en les rémunérant à un juste prix. Cerise sur le gâteau. Oui, nous pouvons tous, collectivement en être fiers. Pas de premier ou de dernier de cordée chez nous.

Merci Jeremy dit-il enfin .Réunion de répétition terriblement efficace. Nous sommes prêts, à quelques enchainements près. J'ai les données financières clés sur la tablette, je peux amplement me débrouiller pendant le week-end avec ça, après mon petit entraînement à Fontainebleau,

Emmanuel sortit de la réunion, serein, en emportant le cadeau que Jeremy venait de lui offrir. « Sacrée Alexa .Mon Dieu, et toi Jeff, quelle est ta mission ? ».

Le rendez-vous avec Bercy démarrait par conférence dans 5 Minutes. La journée se passait plutôt bien.

FICHE SIGNALETIQUE TRES SPECIALE

Emmanuel Faber

Home Faber et Homo Sapiens

Physique :

- Elégant, sportif, confiant
- Jeune pour son expérience et sa sagesse,

Enfance et Education : dans le Sud, en altitude. Diplômé d'HEC intelligent et pragmatique.

Carrière : financier remarquable et raisonnable, visionnaire ultra lucide, génie de la supply chain, à l'écoute des tendances, des parties prenantes, des actionnaires, et de ses clients.un vrai patron qui ira loin, quoi.

Gagne plus de 4 millions d'euros par an, ce qui représente 170 fois plus que le salaire moyen dans ses usines, mais a renoncé à sa retraite chapeau.

Ses idées : Plein.

Quelques citations géniales ci-dessous

« Nous sommes au bout d'un modèle. Toute une génération, pendant des décennies, a fait confiance aux grandes marques pour apporter plaisir, sécurité et santé.

Ce postulat est remis en cause. À la confiance s'est substituée la défiance face aux grands groupes partagée par la génération des Millennials, les 18-35 ans.

Face à cette révolution, on peut résister ou prendre la vague.

Il est urgent de revenir à la notion d'entreprise comme avant tout une affaire d'hommes et de femmes qui s'y unissent pour travailler ensemble à un projet commun »

Chapitre 6 : Bien d'autres parties prenantes en fait ;

Je me rends compte qu'il est juste impossible de présenter l'ensemble des parties en présence en cinq chapitres.

C'est embêtant.

Trop occupées en période de crise sanitaire, ces parties en absence ont pourtant fait tourner la planète pendant que le reste du monde s'était confiné.

Chacune d'entre elles a néanmoins un pouvoir, un effet papillon et les 5 autres précédemment décrits ne leur sont pas supérieurs.

J'ai dernièrement entendu une segmentation issue des écrits d'Epicure qui pourrait permettre de les introduire : les utiles et nécessaires, les utiles mais non nécessaires, les ni utiles ni nécessaires.

Les utiles et nécessaires

Certains les ont a appelés les « Premier de cordée »pendant la guerre : les soignants

Erika, Valérie, Marie, Jamila et Josette , infirmières en Hôpital Public, clinique, EHPAD. De niveau Bac +3, leur salaire est équivalent à un technicien sans qualification mais elles ont choisi ce job pour le soin porté aux autres. Applaudies tous les soirs entre le 17 mars et le 11 Mai 2020, le monde s'est rappelé du caractère utile et nécessaire de leur mission.

Jerome, Marc, Igor, les pompiers, les ambulanciers ,les policiers, les techniciens d'entretien. Big up to them. Les as des as.

Didier, Amir, Cécile, Samira, Jean-Marc : professeurs de médecine, chirurgiens, pharmaciens. Ont tenté de gérer des stocks de masques, gants, gel hydroacoolique et de malades en plus ou moins bon état.

Les mêmes certains ont ensuite parlé des « Seconds de cordée » : Pendant la guerre, ils nous ont permis la survie

Incha, Seb, Kevin, Mouhloud : éboueurs, chauffeurs livreurs ,responsable de rayons en magasin alimentaire, facteurs. Ce sont habituellement des hommes invisibles, généralement klaxonnés et insultés pour lenteur présumée en ville, pour stationnement temporaire gênant sur la voirie. Ont une bonne connaissance du salaire minimum et des conditions de vie plutôt précaires. Surpris dernièrement par les bonjours, mercis et sourires qui leur ont été donnés en phase de confinement.

Henri, Pétunia, Jean, Antoine, Marc, Riccardo ont été là aussi, plus éloignés des cités et des klaxons mais particulièrement préoccupés à faire pousser, récolter, vendre et faire livrer les produits nécessaires à la survie du monde confiné et aux frontières temporairement fermées.

Parlons enfin de Emmanuel, Olivier, Edouard, Michel Edouard, Geoffroy, Jean, Christophe, François, Laurent, Nicolas, Sibeth Marlène, : représentants de l'autorité et de l'ordre à différents échelons, régissent la cité, ordonnancent ou assurent un contrepouvoir dans l'urgence : Politiques, Ministres, maires à proximité, Chefs de partis ou représentants des syndicats, les patrons de l'industrie, de l'énergie, des transports et de l'alimentaire, de la presse, qui nous tient informés.

Les utiles mais non nécessaires en période de crise (ou pas d'ailleurs)

La majorité de ceux qui restent, qui enrichissent au premier ou au second degré les âmes, les corps et les comptes en banque.

Education, Culture, Finance, Assurance, prostituées, Education physique, sportifs, artistes, Industries non nécessaires et cosmétiques. Services non alimentaires. Le tourisme, Les restaurants, les cavistes, les hôteliers, les esthéticiennes, les salles de sport, les cultes, les artistes.

Ceux qui le sont, qui l'ont été ou cherchent à le devenir ou redevenir.

Ceux dont on peut se passer temporairement. Ceux qui peuvent exercer leur activité à distance, une partie du temps au moins.

En dernière ligne : les inutiles et non nécessaires en période de crise

Les Bullshit jobs, dirait Julia de Funes, Philosophe spécialisée sur le travail et le monde de l'entreprise.

Dans les grandes entreprises : les as du reporting extravagants et réglementaires, les coaches divers, formateurs, animateurs, conseilleurs et stratèges, contrôleurs… Les conférenciers, l'évènementiel, Les chefs de pub et de campagne, les causeurs.

Ce sont souvent ceux qui redonnent du sens et de l'espoir en dehors des périodes de crise. Marrant, non ? et ils sont nombreux, ne vous éprenez pas.

Les premiers à perdre leur budget quand on serre les cordons de la bourse en fin d'exercice ou à l'amorce d'une tempête.

J'en suis. Ne soyez pas inquiets.

Toutes ces personnes qui représentent une multitude d'intérêts dans ce fatras descriptif assez franco-français, je vous le concède, laissent aujourd'hui des traces dans les serveurs accessibles par Alexa.

Elles ont un nom, un prénom, un nom d'emprunt ou un surnom, un numéro de carte bleue, un historique d'achats, de contraventions, d'agios ou des photos qui leurs sont associées sur la toile d'araignée mondiale.

Elles cherchent aussi à vivre leur vie, de la meilleure manière qui soit, et ont le plus souvent les pieds sur terre, voire dans la boue. Vivre sa vie, ce n'est pas si facile.

L'arrêt de l'économie pendant un trimestre aura au moins montré les dangers de cost killer la chaine de valeur des femmes et les hommes qui assurent la survie de la planète.

Tirer sur les hommes, leur travail, leurs revenus, leur santé et leur écosystème, c'est dégommer l'économie aussi. Sauf pour les fabricants de masques et les vendeurs et installateurs de parois en plexiglas, peut-être.

« La vie, ce n'est pas d'attendre que l'orage passe, c'est d'attendre à danser sous la pluie »

Sénèque

« et bien ! dansons maintenant »

SECONDE PARTIE :

Mais Comment …

HOW ?

ALEXA retourne chez ses parents le temps du confinement

Fiche signalétique très spéciale : ALEXA

Chaque année, en France, il naît environ 25 petites filles que les parents nomment Alexa.

Alexa, dit comme ça, c'est mignon, court, dynamique donc, et définitivement féminin avec la voyelle A de fin.

Alexa, avec son X, est un prénom plutôt international, ce qui est un bon point pour la carrière de votre enfant, et est surtout facilement reconnaissable de loin, et est assez rare aussi, ce qui peut être très pratique pour rappeler son enfant les premières années.

Le prénom viendrait du grec Alexandros, qui détient toutefois une connotation assez guerrière, dans la mesure où Alexandros est celui « repousse » ou « protège les hommes ».

C'est déjà tout un programme et cela permet une interprétation très libre quand vous dénommez un produit technologique doté d'intelligence artificielle Alexa.

Depuis sa date de sortie fin 2014, Alexa est le nom qui désigne et sert à interpeller l'assistant personnel virtuel développé par le Lab126 d'Amazon.com, rendu populaire par les appareils Echo

Quoique très facile à prononcer dans les 10 langues d'usage, Amazon aurait fait le choix de ce nom en référence à la grande bibliothèque d'Alexandrie, grande source des savoirs. Alexa correspondrait à une appellation symbolisant le puits de connaissances modernes auxquelles elle permet l'accès.

Les utilisateurs d'Alexa que j'ai rencontrés personnellement l'utilisent pour connaître la météo et les résultats de l'Euromillions, ou pour réaliser des recettes de cuisine le week end. Peut-être, ne fréquente-je pas les bonnes personnes.

En terme d'usage, un poil réducteur. En France, sans la 5G, sans l IOT et dans la mesure où les investissements des ménages en domotique restent limités.

La technologie de la voix en commande ou reconnaissance vocale n'en est qui plus qu'à ses prémices, si vous comparez à l'usage d'autres technologies numériques.

Pas simple à adopter en fait.

« Alexa clignote souvent et je ne sais pas toujours pourquoi. Pensez-vous qu'elle soit en train de m'enregistrer ? » Superbe question du forum utilisateurs.

« Mon mari insulte régulièrement Alexa, et la traite de salope si elle ne répond pas correctement à la question ».Bizarre que ça dérape aussi vite.

Dans les scènes de l'Odyssée de l'espace ou de star trek, les personnages semblaient se comporter tout à fait correctement avec l'intelligence artificielle. Qu'avons-nous pu loupé alors ? Que les individus de manière innée sont foncièrement méchants ? Comme pour Twitter peut-être.

Les féministes ont déjà soulevé le point. Pourquoi cet assistant virtuel conçu majoritairement par des ingénieurs hommes dans un laboratoire d'innovation technologique a-t-il reçu un prénom féminin ? Oser parler discrimination ? D'asservissement ?

Vous plaisantez : la technologie, les algorithmes, l'IA et la science ne sont pas voulues discriminantes. C'est juste une question de mauvais reflexes, tout à fait involontaires. Beci beaucoup.

Par ailleurs, il est tout à fait possible de modifier les paramètres et de changer la manière d'interpeler l'assistant. Alexa, ce n'est qu'une proposition par défaut. Le monde de la créativité est à vous. Joli échappatoire.

Ce n'est pas leur faute de toute façon.

Il n'y a pas assez de femmes dans la Tech, les hommes le disent. Il paraitrait de manière générale que les femmes portent moins d'intérêt pour les mathématiques et l'informatique que les hommes.

Reste à voir si les réformes de l'éducation nationale porteront leurs fruits en la matière.

La première ado que j'ai rencontrée la veille de faire ses choix en ligne se veut littéraire et envisage une carrière de journaliste : elle est particulièrement ravie de pouvoir abandonner les cours de mathématiques plus tôt dans sa scolarité, et n'aura pas d'épreuve de cette matière au Bac. Seul le temps le dira.

Fin 2019, Près de 150 millions d'enceintes connectées étaient actives dans le monde avec Alexa en leader du marché (26%, des parts de marché en baisse avec l'apparition des enceintes Google, Baidu compte tenu du fort engouement chinois.)

Chapitre 1 de la Seconde Partie : Data Cleaning*

Ou * : , nettoyage des données pour les derniers attachés à la Loi Toubon qui ne travaillent pas trop sur le web ou dans une grande entreprise tournée vers l'international qui a fait du English Globish sa langue interne.

- Hi ALEXAS !
- Hi Jeff, Hi Jeff, Hello Jeff, Good to see you Jeff

La double pizza team du lab 126 était en video conference via l'outil interne, au taquet avec les KPIs sous l'épaule.

- Ok guys, nous avons dû utiliser les enregistrements de nos utilisateurs pour travailler la reconnaissance vocale intelligente d'Alexa et je sais que le travail n'a pas été facile. Mais les résultats ont été au rendez-vous.

- Yeah *(l'ensemble de la Team Alexa applaudi sous les harangues du grand chef)*

- Oui, nous restons leader en part de marché sur un marché de plus de 160 millions d'enceintes connectées travers le monde en 10 langues avec 26,2% de part de marché mondiale fin 2019.
  Certes, l'offensive chinoise de Baidu nous a taillé des croupières, la concurrence est rude et merci, j'ai bien reçu le message du coup de pied au cul.

- Ha Ha Ha *(la team Alexa est très sensible à l'humour de Jeff)*

- Nous poursuivons encore le retraitement de nos écoutes pour optimiser la vente de nos produits en « echo-pushing ». Nous sommes en excellente voie aussi (en voie avec E, pas avec un x à la fin guys, haha).
  La phase algorithmique s'est bien passée, le machine learning n'est pas encore tout à fait aussi rapide que ce que je prévoyais, et j étudie actuellement vec Brian plusieurs possibilités d'acquisition de technologies anti-fragiles pour nous booster…

- Yeah *(applaudissements de l'équipe)*

- Objectif end 2020 : 50 million dollar. Ok guys , maintenant , j'ai une nouvelle mission pour vous. Même si la crise sanitaire s'est avérée être une véritable aubaine pour l'ensemble des filiales Amazon, wordlwide, il est indispensable d'écouter la voix de nos clients en cette phase de déconfinement progressif.

Il y a fort à penser que la consommation va se contracter aux US avec les 35 millions de nouveaux chômeurs, L'inde est encore complètement fermée et la vieille Europe contradictoire décoche des plans de relance à foison.

Pour tirer le meilleur parti de cette renaissance économique, nous devons comprendre en quoi et comment le confinement et la crise sanitaire ont pu modifier les comportements de consommation sur la planète.

C'est le premier point. Vous avez sans doute vu émerger dans la presse des formules sur le monde d'après, tout va changer, rien ne sera plus comme avant. J'ai besoin que vous me confirmiez sous dizaine si cela est un mythe. On ne sait jamais.

L'Européen est généralement craintif mais nous ne sommes pas à l'abri d'une révolution post gilet jaune et post COVID. Et surtout, faites gaffe, nettoyez les données avant les retraitements quantiques, sortez tous les mots COVID, corona des retraitements sinon les serveurs vont chauffer et Je vais finir par recevoir un coup de fil de Greta, copie le reste du monde, ce qui ne manquerait pas de me casser les balls.

- Ha Ha Ha *(la team Alexa s'esclaffe, le boss est trop fort)*

- Deuxième point et ceci doit être mené avec beaucoup de précaution d'un point de vue hacking et confidentialité.

  L'Europe s'est endettée au niveau de la BCE comme jamais et les gouvernements semblent prêts plus que jamais à nous imposer une taxe COVID pour combler leurs déficits.

- OOOOOOOh *(la team Alexa en pleine empathie)*

- Yes, I know.... Je ne suis pas le père noël, et mère Theresa, encore moins. Nos lobbies ont beau leur asséner que nous ne sommes responsables en rien dans la crise sanitaire et que nous ne commercialisons ni viande de pangolin ou ni filet de chauve-souris, rien à faire et ça commence à me chauffer.

  Je veux savoir ce que les gouvernements préparent et vous me présenterez les résultats de votre analyse au plus tard 10 jours avant le prochain videoG7.

- Yeah *(applaudissements de l'équipe stimulés par la métaphore guerrière)*

- Good luck and Good work guys, le futur d'Amazon est sur vos épaules. Un jour, Amazon pourrait ne plus exister, alors faites que cela arrive le plus tard possible pour nos stock- options.

  By the way, Remi has been fired *(Rémi était l'ingénieur en chef français initialement découvreur des algorithmes d'Alexa pour la France. Il était depuis quelques mois en charge de la gestion du COVID dans les entrepôts en France. Apparemment, quelque chose n'avait pas bien fonctionné)*

L'écran de Jeff en vidéoconférence venait de s'éteindre.

Jeff avait raccroché. D'autres affaires urgentes à gérer pour l'entreprise plateforme.

La double pizza team du lab 126 restait seule et les regards silencieux s'échangèrent 5 secondes, histoire de permettre aux experts épuisés du Top down speech de reprendre leur souffle.

Chapitre 2 de la Seconde Partie : les jobs du futur entrent en action

Le lab 126 d'Amazon est aujourd'hui en pleine effervescence : Les têtes de pont briefées by Jeff himself lancent déjà les premiers retroplannings pour tenir les délais.

Au sein des barons, Rachel, le Data Scientist en chef est sur les rangs : les problématiques métiers ont été listées et les spécifications technico-fonctionnelles sont prêtes.

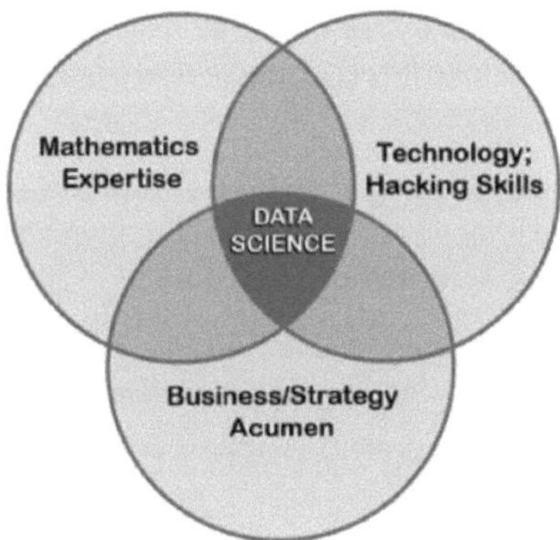

Exploiter le son, les phrases, des discussions entières en 10 langues, ce n'est déjà plus une nouveauté au lab 126.

Il reste maintenant à gérer 3 étapes standard pour livrer le premier job pour le boss :

1. Le nettoyage des données et de la base des données, comme Jeff l'a indiqué
2. Le développement purement technique des requêtes de modélisation algorithmique, c'est la partie du job intellectuellement la plusstimulante.
3. L'exploitation et publication des résultats. Le boss n'aime pas le bullshit.

Tout d'abord, le nettoyage de la base de données Alexa & Echos va nécessiter l'intervention de l'équipe des ingénieurs hindies d'Amazon : nettoyeur de data, un vrai job pour le futur.

Soyons clair : Le nettoyeur de data est en quelque sorte un éboueur numérique dont le rôle est primordial avant tout exercice de data science à succès :

- Tout data scientist en chef veut que son algorithme exploite au mieux le data lake, et il structure en amont la base multimédia et multiformats de manière intelligente, et pertinente.
- Le data scientist doit toutefois composer avec les éléments du bord qui sont enregistrés dans la base de données.

- Nul n'est à l'abri de trouver un utilisateur qui s'est enregistré en doublons, de requêtes absurdes annulées dans la seconde, de données fake ou erronées renseignées par les utilisateurs maladroits ou fainéants, sans parler des données de tests précédents mal effacées. Codage de merde. Et Vive donc le nettoyeur de data.

Au Lab 126, le job de data cleaning nécessite de la persévérance, un poil d'organisation, une certaine agilité bureautique et une compétence de codage de bon niveau. Cette phase chronophage doit être effectuée à bas coût, ce que permettent le cloud et le travail à distance.

Si Jeff, Mark Zuckerberg et les autres sont si friands du télétravail, c'est qu'il permet de recourir à une main d'œuvre low cost située à peu près n'importe où sur la planète.

Et définitivement, éboueur numérique, enfin Nettoyeur de Data est un métier que l'on peut facilement délocaliser et pilotable avec un management intermédiaire autoritaire, hierarchique, qui ne laissera rien passer.

Le job est certes répétitif mais permet une première entrée dans le monde du travail numérique, et un revenu valorisant les années d'études supérieures.

Stratégie win-win ou job de loser ? Jeff s'en fout. Le principal est que ça fonctionne bien.

Step 2 : la Modèlisation et le crash test du modèle démarrent ; Un nouveau job du futur entre en jeu : l'auditeur d'algorithmes

Au Lab 126, le data scientist en chef est appelé à concevoir avec ses équipes de développement un algorithme pertinent. Son expérience lui permet de limiter au maximum des bourdes de discrimination involontaires, de définir et tester les requêtes créant les meilleurs échos en retour.

Chez Amazon, les procès, on connait, la discrimination involontaire aussi. Le Chief data scientist qui a été nommé est Rachel, une femme noire, obèse, juive de 50 ans. Et Elle code et décode du feu de Dieu.

Rachel est épaulée par Jim, un auditeur d'algorithmes, expert minutieux du développement informatique , polyglotte évolutif JAVA, ASP, C++, Python, HTLM, SQL, VB pour dénouer les boucles, recenser les incohérences de critères ou les bugs techniques d'algorithmes mal placés par les pisseurs de code standards qui ne pipent rien au business.

Step 3 :Helmut Von Huxley : le CIO responsable de l'éthique IT – Le manager du futur

Avant le lancement de l'algorithme, l'auditeur d'algorithmes doit obtenir un visa d'Helmut, CIO responsable de l'éthique l'IT qui s'assurera que les requêtes et données exploitées sont bien conformes à l'esprit des conditions acceptées par les utilisateurs, que rien ne vient contrevenir au respect de la confidentialité des données des personnes.

Dura lex, sed lex. GDPR proof. Etre accompagné de bons juristes peut s'avèrer très utile.

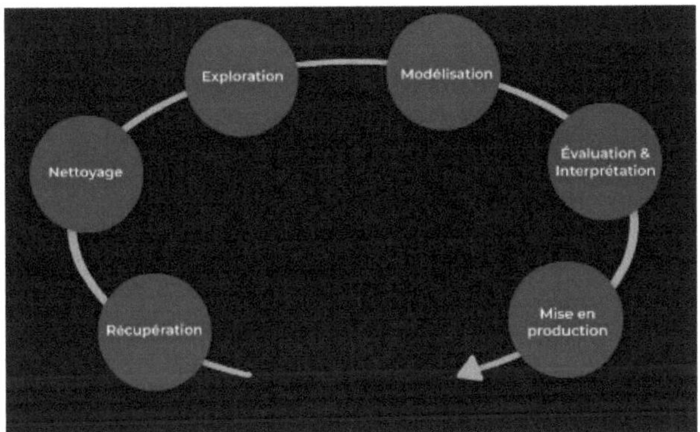

Diplômé en Philosophie d'entreprise, Ethnologue de formation et codeur de jeux video pendant l'adolescence, Helmut, notre CIO responsable de l'éthique IT veille par ailleurs à ce que les requêtes ne contiennent aucun raccourci d'interprétation involontaire ou aucun critère à tendance discriminatoire lié au sexe, à la couleur, la nationalité, la religion, l'âge. Il arbitre in fine coût ou simplicité des requêtes versus risques pris si on se fait choper à faire des conneries.

Et à partir de là, les requêtes tournent, tournent, tournent.

Les serveurs chauffent, chauffent chauffent.

Le machine learning apprend, teste, apprend, modélise les nuages de point.

L'intelligence artificielle fait émerger sans magie avec l'aide du data scientist en chef les premiers résultats saillants.

Step 4 : les résultats – la réunion de lundi prochain.

Le CIO éthique, le chief data analyst et le Head of Marketing viendront faire parler les résultats clés , les segments, les personnae et le trio final sortira une note en 3 pages sur les nouvelles attentes des utilisateurs.

« Jeff sera aux anges ».

No powerpoint please, n'oubliez pas, Jeff est contre. Make a 3 pages note.

Chapitre 3 de la Seconde Partie : La mission très spéciale

La taskforce était réunie dans le cercle le plus restreint.

Les assistants personnels echos, les téléphones portables étaient éteints, seule la vidéoconférence interne cryptée était en marche.

Chaque participant apparaissait à l 'écran, non pas avec son nom, son prénom ou son titre, mais avec un matricule d'identification en lettres grecques.

Pour ceux qui ne parlaient pas grec, c'était imbitable.

Chacun était dans un bureau, loin de la lumière du jour, rideaux tirés, lumière tamisée, lunettes noires et casquettes sombres.

Dans ce cercle, les experts de cyberhacking de la planète qui intervenaient régulièrement pour Amazon recevaient une invitation cryptée sur le darknet pour ce type de mission très spéciale très bien payée.

Helmut von Huxley, Le CIO responsable de l'éthique connaissait bien l'existence de ce type de réunions, mais n'y participait jamais et était tenu au secret par une prime de confidentialité.

Ces videoconférences très spéciales faisaient partie des réunions d'innovation dites transgressives, où l'éthique n'avait pas de pertinence à court terme.

Quoique l'on en dise ou pense, la transgression comme franchissement de lignes jaunes était une des étapes indispensables pour identifier de nouvelles innovations ou manières de disrupter des businesses traditionnels.

C'est de cette manière que les GAFAM avaient toujours réussi :des pratiques de petits voyous sans en avoir l'air, à hacker le listing des anciens d'Harvard, à se procurer une carte de la bibliothèque permettant d' accéder au super ordinateur en accès libre. A l'occasion, n'hésitez pas à en discuter avec Mark Z et Bill G.

Le Business à disrupter était nouveau, celui des lobbys agissant auprès des instances internationales, fédérales, gouvernementales, sectorielles : cyberhacker des tractations, des plans d'actions gouvernementaux, identifier les top décideurs, leurs chefs de cabinet, leurs familles et les mettre au pied du mur en ayant toujours 10 jeux d'avance sur eux.

L'exercice ne serait pas si compliqué dans la mesure où la technologie était déjà en place.

Quelques bribes de discussions, captées de-ci, de-là en off, entre deux portes, sur l'oreiller, pendant un chat ou un diner d'affaires permettraient d'atteindre l'objectif.

Charge au machine learning de compiler et d'agencer les informations capturées au fil de l'eau dans un ordre logique pour simplifier er l'interprétation et la compréhension du demandeur.

Quelques mots clés avaient déjà été identifiés :

#Taxe digitale, #taxe COVID, #directive Européenne GAFA. #Lutte conte les monopoles numérques. #BATX, #Géants numeriques chinois. #AI, #GDPR, #KYC, #Know your GAFA, #KYG,# fraude TVA, #evasion fiscale, #ils doivent payer et les chinois aussi, #souveraineté numérique européenne, #stop the bullshit.

La taskforce hésitait sur le dernier mot clé : peur de ramener trop d'échos sur Trump.

OK, la taskforce validait ce mot clé, mais excluait tous les échos relatifs à #Donald, #Trump, #Air Bastard One, #le roi du tweet. Les éléctions américaines à l'approche, il fallait quand même se méfier.

Les Européens étaient loin d'être ridicules en matière de Cyber sécurité, et les ministères de la Défense avaient su mettre en place depuis longtemps des protections, des coffre-forts, et autres systèmes de cryptage pertinents.

La taskforce devait utiliser des subterfuges et identifier les faiblesses du système : les utilisateurs eux-mêmes.

Chapitre 4 de la Seconde Partie : Ministère de la Défense, en sous-sol, quelque part à Paris.

Jean-Dominique G., nom de code « La Synapse » était dans tous ses états. La crise sanitaire avait cassé tous ses protocoles de sécurisation d'échanges de données. Les ministres, les chefs de cabinets et les membres de leurs équipes travaillaient à distance de chez eux depuis des semaines et il n'aimait pas ça.

Afin que la continuité de l'activité gouvernementale soit assurée, il avait dû s'asseoir sur pas mal de ses principes de base, et tous les jours, avec double dose le mercredi, il guettait les publications de Mediapart et du Canard la gorge serrée.

Quoiqu'en dehors de sa juridiction, l'affaire Griveaux lui avait tiré un ulcère.

Des années d'effort et une carrière irréprochable, et il en était là : la République Française ressemblait à ses yeux à une passoire et le secrétaire d'Etat avait refusé la parution de sa dernière note « trop anxiogène ».

Avec la crise économique qui s'annonçait et les opérations très spéciales des équipes non moins spéciales qui se relançaient, il commençait à s'inquiéter fortement de ces brèches ouvertes pendant la crise sanitaire que personne ne lui permettait de colmater.

Lui, si zen et sûr de lui d'habitude commençait à perdre patience. Et il en était de même pour tous ses experts qui avaient travaillé sans relâche pendant la crise pour permettre le maintien des activités, des cryptages, des échanges à cette ère numérique.

Il fallait interdire le télétravail des ministres, secrétaire d'Etat et membres de cabinet, et vite. « Oui, Jean-Dominique, plus tard. J'en assume toute responsabilité ».

Les PC devaient reprendre leur place dans les ministères, dans des murs sécurisés et avant cela, ils auraient tous droit à une vérification minutieuse des protocoles et des historiques de connexion. « Nous organiserons cela au mois d'Août, Jean-Dominique, ce n'est pas une priorité ».

Il était lâché par son propre ministère et ce n'était pas le moment.

Sur le Darknet, il avait réussi à intercepter des échanges anormaux entre les Etats Unis, la Chine et quelques hackeurs de sa connaissance. « Bien, Jean-Dominique, tenez-nous au courant une fois que vous aurez plus d'information et arrêtez de faire votre forte tête. »

Mais que préparaient-ils ? Que voulaient-ils ? Qu'avaient-ils à gagner ? La Synapse avait beau échafauder des théories mais rien ne collait, Plus rien n'avait de sens.

Avec la crise sanitaire, le marché de la vente de drogues et de stupéfiants avait dû se réorganiser, le tiers de ses équipes déchiffraient actuellement la manière dont les activités et les organisations avaient été démantelées pour mieux fonctionner en phase de confinement mais là, il s'agissait d'autre chose.

Une nouvelle agitation sociale ? le retour des gilets jaunes, en mode post Covid ? des échanges sur #Black lives matter, les violences policières et le racisme ordinaire ? Non, les media étaient sur le coup, le flux qu'il avait capté était limité, quelques hackers internationaux seulement.

Gaia ? La souveraineté européenne en matière de cloud et de protection des données personnelles était-elle déjà visée ? Cherchait-on à tuer le bébé dans l'œuf ? non, rien sur Gaia.

Edward Snowden, what the fuck are you doing ? zéro Echo.

Il en avait discuté avec ses homologues outre-rhin. Rien à faire... Eux aussi étaient perplexes face aux intuitions de la Synapse. Les KPIs étaient au vert : pas de surchauffe de serveurs, rien niveau flux financiers, pas d'échanges de crypto monnaies anormaux, sources d'énergies, pétrole : RAS. L'EPR peut être ? la question avait généré un fou rire général pendant la conf call. Non, calme plat avait répondu les experts berlinois. Business As usual en somme. Les blacks blocs étaient calmes, la lutte contre le racisme ne semblait pas être leur came.

Rien, Rien, rien.

Apparemment, il ne se passait rien.

Mais il se tramait quelque chose.

En désespoir de cause, Jean-Dominique allait rappeler ses contacts les plus chers, les anciens du MIT. Cela faisait des mois qu'il n'avait plus de nouvelles de Rachel en plus. Quel drôle de choix de carrière quand même. S'installer à Seattle où il pleut 300 jours par an.

Sacrée Rachel.

Bon, il verrait ça demain. Après le point d'équipe.

Le dernier AS 400 du ministère de l'éducation nationale veniat de planter. La plateforme des vacances apprenantes était rideau. Il risquait d'en entendre parler très vite. « Oui, Jean-michel, je cours à ton secours ».

A priori, il n'y en aurait pas pour longtemps, faire acte de présence. Il chercherait de nouveau à connecter les points un peu plus tard. On est la synapse ou on ne l'est pas.

Chapitre 5 de la Seconde Partie : La note confidentielle de Rachel et Helmut.

Cher Jeff,

L'analyse des données ALEXA au lendemain de la crise sanitaire fait apparaitre une crispation sans précédent de l'ensemble des personnae des marchés d'Amazon et l'émergence d'une catégorie nouvelle et inédite en forte tension, en dehors de nos segments d'acheteurs habituels et qui par définition ne ressortait pas jusque-là.

Un nouveau personna, porteur à sa façon

Rachel et moi-même souhaiterions tout d'abord vous présenter ce nouveau type de personnae dénommé « les zéros » et la manière dont il peut nous permettre à accroitre notre rentabilité et notre image de marque d'employeur dans le monde post covid.

« Les zéros » regroupent la part de la population de nos non acheteurs, touchés par la fracture numérique : ils n'ont pas les moyens d'accéder aux outils numériques (estimé à 10% de la population totale de nos marchés matures)

Une population ordinairement défavorisée, peu diplômée, discriminée, inemployée pour partie, mais aussi des travailleurs en temps partiels ou aux revenus horaires très bas, vivant en périphérie des grandes villes ou en zone rurale.

Parmi eux figurent les familles des salariés des entrepôts d'Amazon aux US et en Europe. C'est en effet en effectuant l'écoute du personnel dans nos usines par nos robots que nous sommes parvenus à identifier ce groupe,.

Le potentiel acheteur de ce personna est nul, d'où leur dénomination. Il se distingue en fait par le risque qu'il représente pour notre activité, accroissant le risque de faire pourrir le fruit de l'intérieur par le vol, la détérioration de nos installations la rébellion, des émeutes, le refus de l'autorité, la démission, leur faible engagement et leur turnover fort, la contagion de maladies et virus du fait de conditions de vie difficiles et d'un accès plus compliqué aux soins.

Compte tenu de leur pouvoir d'achat extrêmement faible, les zéros s'appuient sur une économie parallèle de trocs, marchés noirs, banques alimentaires et des aides sociales gouvernementales ou locales en termes de logement et d'emploi.

Par le passé, ce sont déjà ces programmes d'aides sociales qui ont amené Amazon à implanter ses entrepôts dans ces bassins d'emplois peu couteux.

Notre recommandation est aujourd'hui de limiter le pouvoir de nuisance des « zéros » » dans nos marchés à potentiel.

- Tout d'abord en poursuivant nos programmes d'implantations dans ces zones de friche industrielles,
- en utilisant les économies hyper subventionnées pour extraire et isoler la main d'œuvre peu qualifiée de nos entrepôts de leur zone d'habitations de non droit,
- en les installant dans des villages sociaux, sur le modèle des camps de travail chinois que nous ferions construire à coup de subventions à proximité immédiate des entrepôts.

Les bénéfices sont nombreux ; ces villages dits sociaux nous permettront de : maintenir une paix sociale subventionnée,

- d'accroitre la loyauté des salariés
- mais surtout de réduire nos coûts en facilitant l'écoulement de nos stocks d'invendus qui plombent nos immobilisations, le recyclage en habitations à bas coûts de nos containers hors d'usage grâce aux financements locaux.

Imaginez : Chaque nouveau salarié d'Amazon serait ainsi extrait de sa zone d'habitation initiale et se verrait octroyer :

- un petit terrain cultivable
- un container aménagé à bas coût,
- le tout intégrant des technologies domotiques de base et l'accès gratuit aux services amazon prime video,
- permettant au global une maitrise idéologique de nos travailleurs, une formation numérique
- et pourquoi pas un bassin de beta testeurs de nos innovations domotiques à venir.

Je conclus en vous laissant appréhender le bénéfice de telles démarches sur notre image de marque en tant qu'employeur social. Le pays pilote serait la France, Philippe y a déjà effectué de premiers sondages auprès des partenaires économiques locaux et construit de premiers business plans qui confirment un retour sur investissement très positif en moins de 18 mois.

Notre engagement local permettrait enfin, on peut l'espérer tout du moins, de tempérer les démarches de taxation ou de démantèlement actuellement à l'étude au niveau européen.

Un plan d'action gagnant-gagnant sur tous les points, un nouveau modèle social durable, sans contrainte que celle d'être salarié d'Amazon.

Isn't it f**cking crazy ? What do you think ?

Entre nous, quelques études supplémentaires nous permettraient

- d'étudier des déductions fiscales sur nos charges salariales, avantages en nature,
- quid de la possibilité de diminuer les salaires horaires ou d'augmenter le nombre d'heures travaillées, les temps de déplacement de salariés se trouvant par nature réduits.

En tant que Responsable de l'Ethique, je tiens à préciser qu'un effort de mise en forme sera bien sûr nécessaire en termes de communication auprès des organisations publiques locales, des instances syndicales ou des médias.

Après, compte tenu du contexte économique actuel, Philippe se dit très confiant et pense pouvoir anéantir toutes les éventuelles problématiques sociales ou éthiques inhérentes à ce nouveau business model.

Les évolutions notables sur nos personnae standard

Revenons maintenant à nos personnae plus traditionnelles.

Le confinement de près de 8 semaines a induit plusieurs modifications des parcours et des comportements d'achat, contraintes pour beaucoup, mais pas seulement.

Passés les besoins d'équipements informatiques de base à domicile, la crise sanitaire a fait exploser de nouvelles attentes « vertueuses et philosophiques » compte tenu des manques qu'elle a pu susciter.

En terme de modes de vie et de consommation, les personnae CSP + ont été attirés par la recherche de comportements plus sains et durables, amenant de fait l'émergence de nouveaux contenus medias qu'il nous faudra maitriser rapidement.

De nouveaux mots phares sont apparus cross-personnae :

- #mieux-être,
- #slowlife,
- #hygiène de vie,
- #recherche de contacts avec les proches, la famille,
- #recherche de sécurité face à l'incertitude,
- #vérité,
- #recherche de sens,
- #evasion,
- #reaction face à la privation des droits fondamentaux comme la liberté et liberté de déplacement.

En France, la population aurait ainsi, dans cette recherche d'un changement de vie et de retour à une vie plus sobre face à un avenir incertain économisé près de 55 milliards.

Appétence Court terme ou comportement durable ?

Nous évaluons que la tendance va perdurer avec une perspective à 18 mois compte tenu des contraintes sanitaires, des restrictions de transport nationales et internationales

Pour mémoire :

- mise en place d'une distance physique,
- pas de toucher, pas de proximité,
- obligation de porter un masque qui réduit les sensations olfactives et peut altérer la surface de l'épiderme
- quarantaines aux frontières et ouvertures des frontières variables selon les nationalités des entrants
- applications stopcovid
- réapparition de clusters

- peu ou pas de réunions de foules autorisées
- réouverture partielles des écoles ou des centres aérés
- nouvelles normes de fonctionnement au sein des locaux ou transports de tous types
- restrictions, fermetures et annulations des festivals, places de spectacle, parcs d'attraction

----

Quoique grands gagnants de la crise COVID, les géants internationaux US ou chinois du numériques ont su proposer des solutions palliatives et d'attente pendant la crise, mais les analyses du lexique ALEXA pendant le confinement et en phase de déconfinement démontrent effectivement des attentes clients en changement de manière relativement durable

Par ailleurs, le blocage des frontières et la rupture de supply chain clés ont fait apparaitre des besoins de relocalisation d'activité stratégiques et le redéploiement urgent de capacités et de ressources liées à la santé de la population.

Sur ces premières bases, notre personna « top buyers CSP + »,va nécessiter des actions rapides en terme de R&D et d'innovations produit.

Serions d'un côté les changements réalisables rapidement par Amazon avec des investissements techniques très limités et de l'autre les évolutions plus structurelles

Réalisable à court terme

Nous avons identifié un engouement croissant pour des gammes d'offres et de plateforme où nos technologies sont déjà positionnées :

- fort potentiel de croissance de l'investissement immobilier, mobilier / cocooning, jardinage, tout ce qui permet d'agrémenter le lieu de vie, son ergonomie, sa sécurisation, son confort. Misons sur l'essor de notre catalogue.
- Recours en nette augmentation de notre offre video permettant l'évasion à la maiso. Nous recommandons ici des offres multimédias encore plus riches, de contenu audiovisuel dépaysant,d' infotainement utile ,de documentaires. Nous avons identifié une nouvelle niche d'application possible pour des

services de restaurations et de livraison cuisine du monde, conciergerie, redécouverte et émerveillement du patrimoine local

- Dans les grandes tendances de consommation, ALEXA nous a permis de mettre en évidence le besoin d'un retour vers le passé et le vintage, rassurant et non digital.
  - En terme de produits, il y a donc un potentiel,
  - Par contre, en termes de vente de produits technologiques, assistant personnels ou 3D, attention aux risques de décroissance à court terme.

  Cette décroissance pourrait être aussi liée aux ruptures de supply chain liées à la fabrication et aux approvisionnements de devices technolgiques en Asie, fortement handicapés pendant plusieurs semaines par la crise sanitaire.

  Ce phénomène n'est pas typiquement propre à Amazon mais à l'ensemble des chainons de l'industrie mondiale globalisée ayant recours à l'Asie comme atelier et fournisseur low cost.

Répondre à 2 nouvelles tendances moyen terme

En modélisant les recherches et conversations interceptées via ALEXA, 2 tendances fortes vont potentiellement bouleverser le parcours et les comportements d'achat de nos marchés matures (les Personnae de la vielle Europe) :

Première tendance forte : Think fair, think local

Nous regroupons ici la quête d'un monde durable avec la recherche du produit citoyen et utile à prix juste, qui repose sur unel 'économie locale, écologiquement et socialement acceptable.

Cette quête se manifeste notamment chez les personnae CSP+ et vieille Europe par plus de recherches d'informations et de services locaux, par l'identification des bonnes adresses, des produits sains de premièere ou seconde main, avec une empreinte carbone modérée.

Alexa remonte aussi une adhésion aux solutions de fact checking, qui réassurent la vérité, le témoignage client ou scientifique, la caution de valeur sure.

Sur cette première tendance, nos recommandations sont les suivantes :

- Amazon étant assez peu présents sur de telles offres, nous vous invitions à étudier l'opportunité du rachat de deux start ups : Back Market (vente de produits ou usagés reconditionnés) et Yucca (analyse et notation produits, notamment alimentaires)

- L'étude et le référencement de partenaires industriels ou artisanaux locaux, conformes aux exigences de l'économie circulaire est également une piste moyen terme à envisager, avec un doute toutefois, quant aux comportements contradictoires (vouloir du produit local, sain, sur à bas coût) dans le contexte de baisse de pouvoir d'achat et d'inflation anticipé pour les prochains mois.

- En termes d'investissement à fort potentiel déductif d'un point de vue fiscal, il serait possible de soutenir la création et le développement de villages artisanaux ou de cultures bios. Nous sommes néanmoins plus réservés sur le retour sur investissement, il s'agit d'un domaine fort éloigné de notre monde technologique,

- Sur la préservation de la planète, la réduction de la facture carbone, nous envisageons de remettre en avant nos modèles de transports logistiques et de livraison par drone ou robots autonomes.

La période que nous avons étudiée avec Alexa étant si particulière, nous avons d'ores et déjà mis en place de nouveaux indicateurs automatisés qui nous permettront de suivre l'évolution de cette tendance.

N'oublions pas le contexte socio-économique global :

Nos marchés matures font pour la plupart l'objet de plans de relance des Etats à évaluer en milliards de dollars. Pour l'instant les Etats soutiennent avant tout les bassins d'emplois des industries du monde d'avant COVID, ce qui pourrait ralentir tout réel changement de monde.

Attention aussi aux plans de souveraineté européenne numérique ou Fintech qui pourraient se retourner contre Amazon groupe en restreignant une fois de plus l'accès aux données personnels des marchés.

Nous savons que vous cherchez à anticiper ces mouvements et à poser vos pions.

Nombreuses sont aussi les incertitudes politiques avec le départ annoncé de la chancelière allemande et la difficulté accrue de maintenir une coalition stable pro-Europe.

Les tensions US/ Chine pourrait induire des changements sur les choix de délocalisation, relocalisation des sites de production, application de taxes. Ce n'est pas la première fois où Amazon déploie ses activités dans un monde volatile et incertain.

Face à la crise qui s'annonce, compte tenu des critiques et insatisfactions interceptées en masse par ALEXA, de nouveaux modèles assurantiels et financiers pour nos « personnae fournisseurs locaux » sont aussi une piste à étudier :

- Soutenir leur trésorerie avec des produits rentables de type affacturage, financer des avances de trésorerie ou rachats de créances à coup de commissions exorbitantes

- vendre des offres IARD innovantes intégrant les risques de pandémie en misant sur l'effet anxiogène des derniers mois et sur les comportements égoïstes des grands assureurs qui ont limité leurs décaissements en phase de cessation d'activités de masse.

- Pourquoi ne pas imaginer enfin des offres d'épargne protectives à un moment où nos consommateurs « top buyers CSP + », plus frileux, chercheront à se prémunir d'un futur incertain.

La deuxième tendance forte remontée par Alexa : Give purpose

Alexa montre l'accentuation de recherches de nos consommateurs que nous avions déjà identifiées par le passé, qualifiées par Jeff de « bisounourseries » , dans le monde du salariat :

- la Recherche de bienveillance,
- de réponses aux enjeux sociétaux,
- de solutions personnalisées tenant compte de toutes les formes de diversité,
- de pédagogie douce psycho coaching,
- de recherche de relations plus humaines dans toutes les organisations publiques et privées,
- de recherche de nouveaux modèles d'organisations plus libres, atypiques autonomes
- de recherche de sens de manière générale

De par ma formation d'ethnologue, je souhaite, tout comme Rachel, remettre le sujet à l'agenda et ce malgré la réaction première de Jeff.

Pourquoi ?

Amazon, en tant que géant numérique multinational à forte culture anglo-saxonne, libérale présente un fort déficit d'image en la matière, en tant qu'employeur mais aussi en tant que marque engagée pour ses clients et pour le futur.

Les préconisations faites en début de cette note pour inscrire Amazon dans une dynamique employeur engagée ne permettront que partiellement de réduire l'évaluation de la marque.

La concurrence est déjà là : quelques conglomérats puissants commencent à déployer un arsenal de mesures en termes d'organisation, d'innovation, de management, d'intégration au sein de l'écosystème potentiellement très séduisants :

- mise en place de partenariats à juste prix avec les fournisseurs locaux, leur permettant de dégager des marges plus fortes, de fabriquer des produits sains pour la consommation et totalement conformes avec une logique de développement et de protection de la planète (Agroalimentaire avec le Groupe

Danone en France, distribution de meubles avec la renaissance de la plateforme MACIF)

- Innovations autour d'emballages plus légers et parfaitement recyclables conçus à partir de matières premières naturelles

- création de fondations pour le développement des populations moins favorisées, éducation, rupture de la fracture numérique (et nous connaissons votre position face aux propositions de Warren, Bill et Melinda)

- Création d'entreprises innovantes, nouvelles filiales de type start up faisant reposer la performance économique sur des structures et des organisations moins hiérarchisées, plus autonomes offrant la part belle aux modèles socio et holo-cratiques.

  C'est ce que Spotify préconise et communique notamment. L'incorporation de la technologie digitale permet selon eux de nouveaux modes de gouvernance et de gestion plus libérés. Elles illustrent le cas d'entreprise réussissant leur transformation digitale sur la durée et pérennisant leur rentabilité et leur croissance auprès des consommateurs avides de simplicité et de juste coût.

- Mise en avant de la justice sociale et de notions de risques partagés (Assurance Maif en France)

,

Nous savons que cela ne plait ni aux actionnaires d'Amazon, ni à leurs dirigeants :

Ces entreprises ne visent pas l'hyper profit mais une croissance équilibrée et raisonnable, assurant une contribution remarquable à l'écosystème.

Elles communiquent sur une stratégie ancrée dans la durée et une rémunération juste des parties prenantes.

Sont-elles des modèles pour autant ?

Pas forcément en termes de part de marché ou de rétributions à leur actionnaires à court terme.

Nous resterons honnêtes sur ce point.

Bien que répondant à aucun de vos critères de pilotage actuel, notre recommandation serait de tester ce mode de fonctionnement en interne au sein d'une filiale d'Amazon, actuelle ou de porter de nouvelles formes d'innovations via ce type de gouvernance.

Bien à vous

Le lab 126, Juin 2020

Rachel & Helmut

Chapitre 6 de la Seconde Partie : Un coup de fil à Rachel.

Rachel était satisfaite de la note synthétisant les grandes tendances extraites des écoutes Alexa.

Helmut avait été in fine d'une grande aide sur le dossier, confirmant toutes ses préconisations d'algorithmes et de modélisation non discriminatoires.

Les recommandations retravaillées avec le Head of Marketing ne plairaient pas toutes à Jeff, elle le savait déjà et Helmut von Huxley aussi.

Comme il s'agissait avant tout de répondre et de s'adapter à la voix du client et Jeff y serait attentif, indubitablement.

Au nom du lab 126, elle venait de diffuser la note par email aux équipes du siège à Seattle. A eux de jouer maintenant. Elle pouvait rentrer à la maison retrouver ses enfants et son golden retriever et préparer la recette cajun de sa grand-mère pour diner.

Elle venait de fermer le laptop quand son mobile sonna et qu'elle vit le nom de Jean Dominique s'afficher à l'écran.

-« Allo, Commente alleze vous mon chéri ? » dit-elle d'un ton guilleret.

-Hi ma Rachel, super bien. I haven't spoken with you for ages and as I just thought about my studies at MIT a few minutes ago, I was just filled in by the utmost appetite to hear about you …

- So nice of you mon amour

- Rachel, un peu de calme, dit-il amusé, si ma nouvelle femme m'a mis sur écoute, je risque de me retrouver dans de sales draps.

- Toujours dans tes théories du complot mon petit canard ? Travailler pour le gouvernement français ne te réussit pas, je te l'avais dit continua-Rachel. Ravie d'entendre que tu n'as pas changé. Alors, et ce confinement ?

- Ils m'ont tué Rachel sur ce coup. Mes utilisateurs se sont tous mis au télétravail, 5 jours de paramétrages intensifs pour sécuriser les cryptages à distance, de déblocages en tous genres des protocoles de sécurité pour assurer la poursuite de l'activité et pas un merci. Bref, BAU as you say ma Rachel business as usual. And What about you ? Toujours en train de triturer tes datas au MIT ?

- of course my love, je triture, je triture. But no longer in MIT ma caille. Amazon hired me 2 years ago. I had to manage the divorce with Bob you know and had to settle in a better place for the kids and Amazon was a super offer.
I am their Chief data scientist, they are found of me, même si certaines fois jeme dis qu'ils m'ont embauché afin de que je leur serve de caution en matière de diversité, ah ah.

- Oh que des changements ma Rachel. Content que tu refasses ta vie, tu le mérites, même si tu as toujours refusé t'installer en France avec moi ah ah… Grave erreur ma Rachel, tu ne sais pas ce que tu manques.
Tiens, j'avais une question pour toi, mis comme tu n'es plus au MIT, je ne suis pas sure que mes interrogations sur les mouvements actuels observés en phase de confinement sur le darknet te disent quelque chose.

- Oh Jeanne-Dominic, je suis ça de loin maintenant. J'ai regardé au pic de la crise sanitaire et les hackers me semblaient plutôt sages, sauf les petits fraudeurs cherchant à profiter des clients en rupture de masques chirurgicaux qui s'enrichissaient à coup de fausses commandes.
J'ai détecté aussi une explosion des messages et fake news dites « putaclick » , avec ceux qui donnent par exemple l'impression que tu peux t'équiper en énergie solaire pour rien et avec un modèle de rentabilité… tu vois le genre ?

- Oui, j'ai noté ça aussi ma Rachel. Pas de flux étranges de ton côté, hors gouvernements US Russes chinois ?
Tu n'as pas détecté des traces étranges, des bribes de codes, un peu logique IOT/ edge revisité ?

- Ca ne me dit rien, répondit Rachel méfiante, et un peu sur la défensive. J'ai peut-être loupé quelque chose. Je ne savais pas que tu t'intéressais maintenant aux frigos connectés plaisanta-t-elle pour détourner l'attention.

- Sacrée Rachel, tu ne manques pas d'humour. Effectivement, il s'agissait peut être de nouveaux types de tests de materiel electroménager.
Dieu sait ce que les sud-coréens ont encore pu inventer pendant la crise sanitaire et leur confinement. Oh, mais j'y pense, ils testaient peut être chez eux les applications stop covid immersives. Bonjour la protection des données personnelles. Il faudra que je creuse ça.
Merci pour le coup de main ma belle. Toujours aussi douée.

-Ah ah, tu vois.
OK mon ami, j'ai encore un peu de travail avant de rentrer faire le poulet cajun, je vais devoir te laisser…

- Ton poulet cajun, hum, quand j'y repense… Tu me donnes faim.
Ok ma Rachel, take care.
Dis moi si tu passes en France un jour, je te réserverai un programme très spécial.

- Drôle de Remarque en phase de lockdown aux US mon ami.
Pas d'avion, pas d'aeroport et tu veux que je vienne te voir. Je rêve.
One day maybe my love. Kiss Kiss
XOXO.

Sans attendre la réponse de son petit canard à l'orange français, elle raccrocha, rouvrit son laptopet adressa une note interne confidentielle d'avertissement sur les flux d'Alexa très spéciaux.

Le monde est décidemment très petit.

Chapitre 7 de la Seconde Partie : Email du 5 Juin 2020, AMAZON VOICE OF CUSTOMER MONTHLY AUTOMATED DASHBOARD.

Chaque début de mois, l'Etat-major recevait un tableau de bord sur les retours clients du mois précédent. En plus des KPIs sur les ventes, les profits et l'EBITDA, l'outil et l'analyse jointe permettaient à Jeff et son équipe resserrée de mesurer l'atteinte des objectifs et de détecter des zones de tensions en matière de satisfaction client.

Avec un confinement ordonné en Europe dans la quasi-totalité des pays dans le courant du mois de mars 2020,les remontées d'avril avaient déjà permis de détecter les potentielles faiblesses de son organisation en période de crise sanitaire.

Un stress-test grandeur nature auquel Jeff lui-même n'aurait jamais osé rêver et qui démontraient au global l'anti-fragilité de ses solutions de plateforme digitale et de ses web services à un niveau mondial. Il les méritait ses 25 milliards d'enrichissement pendant la crise. Il le savait, il était fier de lui. Il était l'objet de la plus grande admiration économique et industrielle sur toute la planète et il adorait ça.

Les chiffres factuels de Net promoter score top down étaient en hausse de +20 points. Certaines ruptures d'approvisionnement et retards de livraison étaient notables, et généralement pas de la responsabilité d'Amazon, mais rien à voir avec les péripéties rencontrées par les clients de la concurrence, et le brouhaha accru de plaintes soldé par des remboursements rapides s'était rapidement tari.

Niveau bottom-up, les remontées et analyses attiraient plus son attention, et c'est ce qui l'avait amené à diligenter l'étude Alexa.

Des insatisfactions chroniques grandissantes mais assez inégales remontaient de ce confinement général forcé, un peu sur le modèle de ce qui avait été noté en France en 2019 pendant les mouvements de gilets jaunes, mais de manière plus visible encore et avec de cris de souffrance plus forts encore venant de la population féminine de sa clientèle.

Comme si les femmes étaient les grandes perdantes de la crise.

Des feedbacks de femmes travaillant dans l'univers de la santé, prises de plein fouet par la vague de malades qui décuplaient leurs planning de charge au travail, la réduction d'heures de sommeil et d'heures de présence à la maison, l'éloignement de leurs enfants, qu'elles s'efforçaient de respecter pour éviter tout risque de contamination.

D'autres commentaires de femmes, travaillant de chez elles, manageant les emails les plus urgents de leur management hyper stress et ménageant la chèvre et le chou faisant tout à la fois, pilotant les devoirs du cadet, les heures de ménage et de cuisine, les heures de courses à faire la queue pour accéder à des rayons quasi vides sur les produits de consommation courante et simple.

Des plaintes de femmes ramenées à des rôles opérationnels d'exécutantes, faute de ne pouvoir assurer davantage de disponibilité dans leur vie professionnelle et face à la mise en place d'une régime militaire top down décisionnel mis en place pendant la crise.

Elles avaient été là pour s'occuper de tout mais ne décider de rien dans ce contexte lourd et grave qui nécessitait des prises de décision rationnelles et non émotionnelles, un travail d'homme, de père de famille, de patriarche, de soldat sur le front 24/24, de viking, de héros de la matrice dictant la marche à suivre .

Une explosion manifeste de sexisme ordinaire, de discriminations involontaires ressortaient de cette analyse post confinement. En phase de crise, il avait fallu aller à l'essentiel comme si les bonnes manières de la normalité avaient temporairement été mises de côté.

Jeff archiva la note, surpris, mais factuel, comme d'habitude. Il venait de recevoir un email de Rachel avec les résultats de l'étude Alexa.

Les résultats des écoutes VIP reçus hier n'étaient pas bonnes, il fallait trouver un angle d'attaque pour éviter taxes et démantèlement, et négocier ASAP.

Il était impatient de préparer la première réunion post Covid de son état-major.

Alexa, ma précieuse…

« La folie, c'est de faire toujours la même chose et de s'attendre à un résultat différent »

A.Einstein

TROISIEME PARTIE :

Alors Quoi ...

What ?

La femme qui murmurait à l'oreille de Jeff Bezos avait changé la vie

Chapitre 1 de la Troisième Partie : Un nouveau scénario de modernité.

Rachel ouvre doucement les yeux, réveillée par les premiers rayons du soleil qui percent à travers les rideaux de sa chambre.

Alexa, quelle heure est-il ? demande-t-elle.

Il est 6h45, Paris time. Les satellites Amazon anticipent une journée très ensoleillée avec des températures entre 15 degrés centigrades le matin et 24 degrés pour cet après-midi pour la Normandie et les bords de Seine. Souhaitez-vous écouter une synthèse des actualités France et US ?

Rachel se retourne dans le lit et découvre l'oreiller gauche vide. Alexa, non pas tout de suite. Merci. Alexa, sais-tu où est Jean-Dominique ?

Il est à 3km d'ici, sur les bords de Seine amont, il avance à 8km/h, en direction de la propriété et sa fréquence cardiaque indique un exercice physique. Ses indicateurs de forme sont au vert, l'analyse de son urine est correcte, le taux de diabète un peu en hausse par rapport aux 5 derniers jours, imputable à votre consommation de ...

Merci Alexa, ça suffit.

Alexa, prépare le café et 2 tartines grillées, je sors du lit, lance Alexclean dans la chambre et prépare la douche à 38 degrés.

Alexa, infonews et analyses politiques dans la douche, volume standard. Ecran emails professionnels allumés. Sort Seattle Amazon HQ.

Après avoir confié sa nuisette à Alexclean déjà occupé à faire le lit, Rachel rentre dans la douche et s'enfonce sous le filet d'eau chaude en douceur. Passé le moment agréable, elle revient sur terre et clique sur l'écran tactile de la douche pour lire ses premiers emails.

----

from Brian, CFO, Seattle , May 25th, 2034, 6:45 pm

to Rachel, Head of Europa.com

cc: Bezos, Jeff, Space One shuttle

Title : Europa dashboards on track- latest sales trends on ALEX products

<Traduction automatique. Appliquée>

Bonjour Rachel,

J'espère que tu vas bien. Jeff te salue de sa navette Space One et entre deux expériences scientifiques sur la gravité et confirme toute sa satisfaction quant au déploiement de nos gammes robotiques et domotiques Europa.com

Au global :

- *69 % de part de marché,*
- *des ventes trimestrielles en hausse de 20 %,*
- *nos compétiteurs chinois sont à la ramasse, le CEO de Huawei essaie désespérément de recruter et de former des codeuses domotiques… Samsung boit la tasse avec ses offres IOT,*
- *Jeff est aux anges.*

Dans le détail,

- *Les modules ALEX robotiques& domotiques intérieures continuent d'exploser sur la partie course-rangement-cuisine-ménage avec un taux de satisfaction quasi parfait tant de nos personnae clients féminins que masculins, cross classes d'ages.+29%*
- *Les services ALEXRENT de locations longues durée et mutualisation des services cross blocks y sont pour beaucoup. L'acculturation au dialogue avec Alexa se passe très bien y compris pour les esprits les plus réfractaires à l'idée de parler à un robot. Nos utilisatrices se sentent libérées de ces siècles de charge mentale et mettent en avant le bien-être procuré par nos solutions.*
- *Les options health de nos équipements sanitaires et les mises à jour diabète, cancérologie antivieillissement font fureur. En France, la Sécurité sociale envisage des primes à l'équipement et tu as rendez-vous demain avec eux en présentiel pour finaliser et acter les termes du contrat. [lien hypertexte vers agenda et ordre du jour]*
- *Les modules ALEX garden – entretien de jardin, irrigation, culture potagers et serres se portent bien, les récoltes sont au rendez-vous grâce aux conditions climatiques des dernières semaines. Cet engouement pour des produits sains issus du jardin potager n'est pas prêt de s'éteindre.*

Les challenges restent toutefois importants pour assurer la même croissance aux modules en cours de développement :

- *La gamme Seniorcare qui assure le maintien et la sécurité des personnes âgées à domicile ne décolle pas encore assez, malgré les primes d'Etat. Le marché des seniors n'est pas murs, c'est hélas une histoire de génération mais les années nous donneront raison.*
- *La gamme des robots ALEX KID EDUCATION, KID HOMEWORK, KID CODING, KID TRAINING , BABY SITTING reste stable : tu connais le sujet*

des négociations avec les différents gouvernements et responsables de l'éducation dès que l'on évoque les produits Trans humanistes.

Rappelle-toi, après la deuxième vague de COVID 19, Jeff doutait aussi de l'idée de dédier la moitié des investissements à 5 ans à une offre Trans humaniste réservée au service de l'être humain dans son foyer.

Une gamme de robots, permettant aux femmes de se décharger des tâches domestiques quotidiennes pour atteindre la parité, reprendre leur place dans les entreprises et au sein de la cité, pour adresser le futur de manière égalitaire et non conflictuelle.

Nos robots répondent aujourd'hui aux attentes des consommateurs car dès la création de la filiale Europa, tu as su écouter le marché, anticiper des tendances phares et développer des algorithmes et des programmes faits par des femmes pour les femmes.

N'oublie pas que tu es attendue d'ailleurs la semaine prochaine à l'Ecole de coding Europa par la promotion 2034 : 250 futures data scientist et codeuses du futur attendent ton introduction à leur formation avec impatience. [lien hypertexte vers agenda et ordre du jour]. Tu vas les bluffer.

Les marchés du début du 21ème siècle voyaient l'intelligence artificielle et les technologies numériques comme un moyen de produire et d'innover plus vite, plus sûr et d'accroitre la rentabilité de leurs entreprises, de leurs industries, de leurs portefeuilles d'actions et d'obligations.

Ce modèle Taylorien 4.0 ne faisait qu'accroitre les inégalités, en aliénant davantage les salariés dans des modèles répétitifs, autoritaires, peu créatifs, en provoquant une raréfaction du travail humain rémunéré , en induisant dans sa course à la surproduction et à la surconsommation l'auto destruction de la planète dans une recherche du toujours plus mais on se sait pas pourquoi.

On ne change certes pas du jour au lendemain les paradigmes économiques capitalistes à l'époque, ultralibéraux en cours depuis des dizaines d'années.

Jeff , notre libertairen, n'avait pas capté je pense le quart du tiers des changements qu'induiraient ces investissements

Qui eut cru qu'il s'éloignerait des affaires pour se consacrer à la recherche spatiale ?

Bien, je te laisse démarrer ta journée working from home tranquille,

tu trouveras en pièce jointe toutes les informations sur tes derniers bonus et valorisation du portefeuille Europa.com

Bien cordialement,

Brian

-Waouh, se dit Rachel, un peu long comme email à lire dans une douche. Mais bon, rien de tel qu'un email de Brian pour bien démarrer la journée.

Bon, il était temps de sortir de la douche, et de toute façon, Jean-Dominique venait de faire son apparition tout transpirant mais souriant, zen et prêt à prendre son petit déjeuner avec sa dulcinée, modulo une petite douche quand même.

-Hi love, you look great today

- thanks JD, you too.

-Je prends ma douche et j'arrive mon petit poulet cajun.
Alexclean, récupère mes affaires de sport s'il te plait..
Alexa, la douche à 36 degrés, Bach on air please .
Ecran emails professionnels allumés. Secure ID- Cyptage double2, password : XXXXX, Sort urgence Ministère..
Door locked please.

Tout allait bien, pas de vraie urgence dans les emails, Yeah, yeah Yeah…

Aucune menace forte ne pesait sur les serveurs d'identité numérique des citoyens européens, le blockchain light energy tenait ses promesses d'une souverainté numérique européenne, innovante, protectrice des libertés fondamentales et carbonfree.

En moins de 10 ans, le monde économique s'était éloigné du quasi monopole d'AWS et du risque inhérent du Cloud Act. sous l'impulsion d'une Commission Européenne souveraine et innovante, d'un GDPR augmenté, simple, enfin orienté utilsateur et sécurité.

JD était fier de sa contribution à l'œuvre. La crise sanitaire avait transformé sa vie, il était aujourd'hui le directeur de la commission d'Ethique numérique Européenne et il n'était pas le seul à être heureux.

Son mariage avec Rachel lui paraissait d'ailleurs certaines fois surréaliste.

Chapitre 2 de la Troisième Partie : une indépendance européenne de l'innovation.

- Ibiza, call Emmanuel for me please, lança Ursula von der Layen à son assistant virtuel personnel made in EU.

- Emmanuel Macron ? questionna Ibiza

- Hum, no, Ibiza, Emmanuel Faber, please @ Danone health Foundation .

Ursula ne put s'empêcher de sourire. Effectivement, Ibiza ne lisait pas dans ses pensées et ne le ferait jamais.

C'était la grande différence entre la technologie made in EU et la technologie chinoise, avec puces injectées et lecteur de pensée. Vive la démocratie, se disait-elle. Cela faisait maintenant 10 ans que Hong-Kong avait été mis au pas, malgré toutes les sanctions de l'ONU et de L'Union Européenne.

Il avait bien fallu lâcher quelque chose dans la négociation mondiale d'un modèle de taxation des énergies carbone et d'une bourse d'échanges de dépenses énergétiques à Berlin. Elle y repensait avec regret, mais c'était inexorable.Pas d'ingérence. La dure rançon à payer pour rendre la planète plus vivable.

- Bonjour Ursula, comment allez-vous ? répondit Emmanuel
.
- Fort bien Emmanuel. Comment se passe votre déménagement à Volvic

- Très bien, un endroit merveilleux pour vivre et travailler au bien-être de nos clients.

- Fine. Je vous appelle pour échanger nos points de vue sur les derniers modèles actuariels d'assurance santé et les bonus/ malus hygiènistes commercialisés aux US. Nous avons été contactés par les équipes de Google pour étudier l'opportunité de leur commercialisation en Europe, nous avons mis un comité d'éthique et de juristes sur le dossier, mais j'émets des doutes sérieux sur ces nouvelles méthodes de tarification.

- Et vous avez raison, Ursula. Encore un grand n'importe quoi made in US, avec impact direct sur les libertés fondamentales. Les progrès de l'IOT sont tels qu'on pourrait techniquement envisager des tarifications d'assurance santé différenciées selon les pratiques alimentaires, sportives des adhérents. Un produit des US où le Care a trop longtemps été négligé et qui manque totalement d'universalisme. Et pourquoi pas alors modifier génétiquement tous les êtres humains de manière à les rendre vertueux, à ne pas boire d'alcool, à ne pas fumer, à ne pas manger gras et à faire du sport au réveil. Stop this BS ASAP, please. Imaginez la tête des Français si nos compagnies d'assurance commencent à leur mettre la pression sur le confit de canard, le Saint Emilion et les fromages.

- Effectivement, pauvres français, Google pourrait les rendre fous. Répondit Ursula en souriant. Vos avis sont toujours si pertinents et si bien tournés. Je vous remercie Emmanuel et je vais leur demander des recommandations légales en ce sens. Passez une excellente journée à la fondation.

- Merci Ursula, je vais m'y employer. Nous accueillons cette semaine une grande vidéoconférence sur les approvisionnements en eau de l'Afrique via technologie solaire. Passionant et il y a encore tant à faire. Bonne journée Ursula

- Merci Emmanuel, quel programme. Au revoir. Ibiza, terminate the call please. Make some minutes please and transfer them to European numeric Ethics commission and Insurance Lobby. Please CC Christine Lagarde, et les 27 autres chefs d'Etat Européens plus European commission of Health.

Chapitre 3 de la Troisième Partie : et les PME dans tout ça ?

Vers un modèle économique collaboratif détonant.

François Asselin avait fini par adjoindre ses 2 enfants dans la gestion de l'entreprise familiale, compte tenu des enjeux technologiques auxquels il avait faire face depuis 15 ans.

Le Comité de Direction était à chaque fois animé, mais ces 2 là finiraient t-ils par tuer leur père avec leurs innovations, leurs pilotes, leur proof of concept Solaire et les chartes Ethiques de restauration numérique ?

Non, François tenait bon, déléguait au maximum pour gérer en parallèle les avancées numériques de la plateforme FrenchPME multisectorielle, nouveau leader national du click and collect, de l'alimentaire, des commerces et services de proximité à l'immobilier et au BTP.

La CGPME le maintenait dans ses fonctions au vu de ses performances économiques et de ses valeurs entrepreneuriales de premier ordre.

De leurs côtés, les Asselin junior déployait les offres décarbonées de panneaux solaires dans les grands batiments publics, les musées et les monuments. Pas si simple d'installer les panneaux solaires sur le toit de l'Arc de Triomphe, le ministère de l'Economie, le Louvre, Pompidou, Notre Dame tout en ménageant l'esthétisme de l'architecture initiale.

François leur avait laissé les clés de la filiale Energie et ces 2 là l'avaient développée en mode start up sociocratique avec leurs amis ingénieurs. Belle société à mission. Beau travail, rien à dire.

L'activité Asselin se développait maintenant dans le reste de l'Europe, et même en Asie avec de premières installations sur la muraille de Chine et les palais impériaux. Le deuxième mandat protectionniste de Trump avait freiné la croissance de la filiale US les premières années mais Chelsea Clinton avait changé la donne depuis 4 ans.

« Faire entrer les bâtiments publics dans l'ère du développement durable » était la raison d'être de l'entreprise Asselin. Et pour ça, les gouvernements étaient prêts à sortir le carnet de chèques.

Grâce à la plateforme FrenchPME, l'entrepreneuriat avait explosé en France, et le salariat était de moins en moins la norme.

Travailler plus ? Pour gagner plus, pour innover plus, pour construire sa vie de manière sensée et autonome.

Le slogan avait fini par séduire beaucoup de monde, cross-communautés. François en était fier.

François avait réussi à négocier l'impensable avec Jeff Bezos : transfert de technologies, utilisation des solutions technologiques AWS pour assurer le fonctionnement de la plateforme FrenchPME à moindre coût.

Pas si stupide de son côté, Jeff avait fini par accepter le dialogue avec les instances européennes et prêté ses meilleurs ingénieurs via sa filiale Europa.com.

Il y avait de la place pour tout le monde sous réserve d'accepter quelques concessions. Et il lui suffisait de mettre à disposition et vendre la robotisation là où elle avait le plus de sens, dans la logistique décarbonée et l'acheminement autonome des marchandises.

Philippe CEO d'Amazon France avait beaucoup aidé en France et agit comme un véritable pionnier. Grâce à ses contacts avec les instances en région, il avait négocié la construction des premiers villages sociaux autour des entrepôts Amazon, qui avait assuré l'inclusion numérique et la formation d'une tranche de la population défavorisée jusque-là.

3 nouvelles villes dynamiques étaient nées, s'étaient développées en France et avait servi de modèle à d'autres pays d'Europe.

Ce que tous, Philippe, François, Jeff et les autres aimaient le plus , c'est de voir d'anciens manutentionnaires essayer de monter leur structure de société et de tailler des croupières à celui qui avait financé leur ascension sociale, le grand Jeff Bezos.

En de nombreux aspects, ces entreprises restaient un peu communautaristes et offraient des produits ethnocentrés, mais n'était-ce pas là l'intérêt aussi de la démarche ?

Créer et développer de nouveaux marché émergents et durables.

Tout n'était pas encore acquis, mais le modèle démontrait les vertus d'une économie solidaire prônant l'égalité des chances, et reposant sur un modèle éducatif concret et participatif.

Oui, Ça pouvait marcher et Bla Bla help, en soutenant ces nouvelles structures dès leur naissance avait beaucoup aidé aussi.

Bla bla school et FB coding simple software, créée en 2025 avaient ouvert des perspectives numériques à de nouvelles générations.

Tous ne réussissaient pas, mais tous apprenaient beaucoup de leur expérience et donnaient un sens à leur vie et à leur travail.

Le monde était-il en train de devenir un conte de fées ? non.

La fin du roman n'était-elle pas en train de tourner à la supercherie bisousnoursique ? Un peu si...

L'auteur s'en excusa, comptant remédier à cela dans les meilleurs délais pour la suite.

Chapitre 4 de la Troisième Partie : de la notion de redevabilité dans un monde qui reste globalement inégalitaire.

L'échange collaboratif et la mise en place de redevabilités contre travail en France et dans le reste de l'Europe à titre de pilote ne laissait pas le reste du monde indifférent.

A part la Chine peut être, qui développait son modèle social de surveillance numérique tendance minority report. En tant que première puissance du Monde, largement en avance sur l'humain augmenté, elle n'avait rien à démontrer en termes de partage de richesses économiques piloté par le gouvernement.

La Chine avait développé son propre réseau internet, ses réseaux sociaux et l'accès aux informations du reste du monde restait relativement compliqué pour le peuple parqué en régions, avec des possibilités de mobilité réduites, seul moyen de limiter l'empreinte carbone et de ne pas être déficitaire sur le marché des énergies.

De leurs côtés, les Etats Unis n'avaient eu de cesse d'importer les technologies pré-crimes de surveillance des populations venant de Chine, pour faire face aux émeutes raciales. Une belle manière de régler les conflits commerciaux entre la Chine et les US.

Pour éviter les bavures et les violences policières, et pour ramener l'ordre et le calme sans surinvestir la présence de l'armée, les équipes de police US s'étaient dotées d'humanoïdes policiers neutres, en charge de traquer le crime 24/24. Ce n'était pas pour déplaire aux sociétés d'armement florissantes aux US, qui avait su se positionner sur le domaine bien rapidement, face à un Pays qui refusait de plus en plus de maintenir son rôle de gendarme du monde civilisé.

Trump était parvenu à ramener le calme dans son second mandat, le quasi plein emploi grâce à de vastes chantiers de constructions de centres d'incarcération et de rééducation devenus indispensables du fait des performances indiscutables des nouveaux policiers humanoïdes.

Le pays n'en restait pas moins inégalitaire ; les US ne ressemblaient plus à cette terre d'accueil qu'elle avait été, les Lois nationalistes Trump y étaient pour beaucoup ; et malgré l'appel des élites à plus de diversité et de tolérance, rares étaient encore ceux qui croyaient à l'American Dream.

Des communautés entières issues des dernières vagues d'immigration rebroussaient chemin pour aller reconstruire leurs pays d'origine, riches de leur expérience américaine. L'Amérique du Sud se reconstruisait ainsi au Mexique, Vénézuela… Le Continent Africain devenait le nouvel eldorado pour les plus audacieux, les autres lorgnant l'Europe, le Royaume Uni comme nouvelle terre possible de réussite, sur un nouveau modèle plus égalitaire.

Les Etats Unis s'en sortiraient, oui, après ce grand ménage et 12 ans d'ultra libéralisme, de nationalisme et de protectionnisme mal venu.

Les géants du web qui avaient refusé de mettre à disposition leurs technologies de reconnaissance faciale avaient depuis pas mal souffert des Loi Trump et considéré que négocier avec l'Europe nétait pas si diabolique en soi.

La dynamique des forces mondiales avait muté. Compte tenu des mouvements « techtoniques » des nouvelles plaques économiques, l'équilibre du monde ne tenait pas à grand-chose.

Révolution des énergies, décarbonisation : le Moyen Orient riche de décennies du pétrole voyaient enfin le fruit ou les déboires de ces investissements financiers du passé en Europe et aux US. Les champs d'énergies solaires étaient leur nouveau créneau mais l'Afrique et les zones équatoriales leur taillait des croupières, avec le couplage reforestation et agriculture durable.

Les centrales charbon fermaient les unes après les autres, Chine y compris. Solaire, éolien, hydrogène, ouvertures de carrière sur la Lune avec ses minéraux indispensables pour la production en masse des panneaux solaires. Le monde de l'énergie était devenu créatif ces dernières années.

Rendre la terre plus vivable en allant chercher les ressources sur d'autres planètes.

En Europe, tout n'était pas réglé.

Lutte des classes, lutte raciale, développement des économies parallèles dans les cités, insécurité, revalorisation des salaires, pilotage du monde hospitalier, ouverture du monde l'éducation à l'entreprise.

Colloques après colloques, pilotes après pilotes, formation apprenante, formation à vie, les populations se faisaient à l'idée que le monde finirait par changer un jour. Il fallait commencer par changer tout ce qui pouvait changer sans que cela change quoi que soit.

Pour que ça change, il devait y avoir échange, collaboration, contreparties gagnant-gagnant.

Les nouvelles technologies aidaient beaucoup en cela. Chaque nouvelle application amenait de nouveaux gestes, de nouveaux comportements, de nouvelles cultures.

Restait à assurer l'acculturation harmonisée à ces nouveaux outils, à limiter et éviter l'exclusion numérique, à assurer la sécurité du citoyen européen en ligne à moindre coût carbone.

Depuis quelques années maintenant, sous l'impulsion des instances européennes, le gouvernement œuvrait de manière transversale pour éviter le développement des villages de gaulois réfractaires , assurer des performances internet homogènes sur l'ensemble du territoire, y compris dans les zones les plus isolées.

La France n'était effectivement pas en avance en la matière et il avait fallu mettre les moyens :

- Education numérique et multimédia à l'école
- Création d'écoles de développement numérique
- Subvention du monde associatif pour assurer la formation des seniors à domicile
- Développement de programmes de formation publiques obligatoires ou certifiantes pour l'ensemble de la fonction publique
- Augmentation des budgets dédiés aux développements des services numériques publics, simplification et harmonisation des accès, signatures en ligne cryptées, création d'un ID unique européen, rationalisation du nombre de sites et plateformisation des services, mises en place de moteurs de recherche très performants, chatbots et services d'assistance en ligne transversaux.
- Soutien à la création des entreprises sur leurs volets numériques. Non, il ne fallait plus parler de start-up nation : le digital faisait partie de chaque entreprise tant pour la gestion interne que pour la distribution, la promotion.
- Favoriser enfin le rayonnement du web francophone, permettre la dissémination des outils cross frontières et l'élévation du niveau d'éducation dans les zones francophones moins favorisées.

En effet, l'Europe ne pouvait être la terre d'accueil du monde, il fallait aussi disséminer ses idées, les faire accepter, les transférer vers des lieux où elles n'étaient pas en place mais où elles pourraient devenir économiquement, socialement, culturellement acceptables et adaptées.

Christine Lagarde était fière du succès de ces chantiers européens et français. Première femme présidente en France, elle avait fortement contribué à changer la vie des français par le numérique.

Tout bénéficiaire du revenu minimum disposait pour son foyer d'un accès internet gratuit et d'un device de connexion physique de seconde main (PC, portable, smartphone) avec formation présentielle obligatoire.

Le monde d'après ouvrait encore de magnifiques chantiers, et il y avait là du travail pour beaucoup de monde.

Le programme renaissance avait investi les cités : formation numérique obligatoire, pépinières d'activités, chantiers BTP partagés et ateliers de recyclage circulaire, développement de jardins potagers, quelle que soit la culture de ces potagers d'ailleurs.

Dans les zones de non droit, des humanoïdes de la paix avaient été déployés à titre de tests pour ramener l'ordre.

Les peines de prison pour délits mineurs et récidives avaient été remplacées par des peines de port de bracelet électronique nouvelle génération favorisant la réduction de la peine par le travail d'intérêt public via le programme renaissance.

Ce process pilote semblait prendre. Le Comité d'Ethique planchait sur les résultats en France et dans le reste de l'Europe. Jean-Dominique était bien occupé et somme toute mesuré sur la démarche. C'était son job.

Commettre une infraction amènerait bientôt à perdre à titre provisoire son autonomie et sa liberté et entrer sous surveillance dans son domaine d'infraction. Contribuer à l'intérêt public permettait le retour à la liberté physique.

Le gouvernement travaillait à un référendum, marchant un peu sur des œufs sur ces technologies de surveillance et les critères algorithmiques.

Il y avait sur terre une multitude de domaines, de modèles perfectibles pour les rendre durables sans faire péter la planète.

Trop nombreux encore étaient ceux qui avaient peur : de l'incertain, de l'autre, de la différence, des nouveautés technologiques.

Trop nombreux encore étaient ceux qui voulaient toujours plus et qui n'hésiteraient pas à aller le piquer chez le voisin.

Alors comment rendre un monde anti-fragile avec des humains si fragiles ?

Chapitre 5 de la Troisième Partie : et Jeff dans tout ça ?

Jeff adorait se réveiller de ses siestes en orbite avec cette magnifique vue sur la planète.

Cette semaine, à bord de la Space One station de 500 tonnes, il avait battu avec son équipe d'astronautes le record de productivité en nombre d'expériences scientifiques réalisées en une semaine dans l'espace.

Il est souvent dit que les astronautes sont eux-mêmes des cobayes. En effet, en permettant des missions de longue durée, une station spatiale est l'endroit idéal pour étudier les effets subis par le corps humain dans la perspective d'une future mission habitée vers **Mars**.

Jeff évaluait aussi l'efficacité de contre-mesures (sport, alimentation, etc.) en vue de diminuer les pertes de masses musculaire et osseuse, les problèmes de vision, les changements au niveau cardio-vasculaire, etc.

A ce titre, la Space One station continuait, avec des moyens plus pointus, ce qui avait été commencé à bord des stations soviétiques (série Saliout puis Mir) ou du Skylab américain et enfin de l'ISS, la station internationale il y a une vingtaine d'années.

L'impesanteur autorisait des expériences impossibles à réaliser sur Terre sur des durées de plus de quelques secondes. Il s'agissait là de science fondamentale et le plus souvent de comprendre le comportement de la matière.

Perchée sur orbite à 400 km, Space One station offrait une impesanteur de «qualité» et quasiment ininterrompue. Une aubaine pour Jeff et ses nouvelles recherches en matière d'énergie.

Jeff s'amusait depuis plusieurs jours à détecter les particules et antiparticules des rayonnements cosmiques avec le AMZ detector.

Les données cumulées par ce détecteur hors du commun semblaient pour le moment confirmer la réalité de la matière noire, cette matière qu'on ne voit pas, mais dont on constate les effets gravitationnels. Il s'agit là ni plus ni moins que de l'une des clés de voûte de l'astrophysique.

Il en avait rêvé et il l'avait fait… N'est pas Jeff Bezos qui veut.

Brian le contactait une fois par jour, pour revoir et discuter des éventuelles urgences ou décisions à prendre pour le groupe.

Mais là, tout allait bien, le monde était sous contrôle. « The Planet is fully under control ,Jeff »

.Jeff pouvait se Concentrer sur sa mission sur Mars.

L'homme le plus riche du monde avait –il une mission sur Terre ? Il n'en était lui-même pas très sûr.

Ou dans l'espace peut être ? Peut-être.

Si Bill et Melinda avait investi le monde de l'éducation et de la santé en étant l'un des tout premiers financeurs de l'OMS, Jeff avait toujours refusé leurs appels du pied ou ceux de Warren, avant sa disparition.

Passer pour un sale con ne le dérangeait pas, comme cela n'avait jamais dérangé Steve Jobs en son temps…

Il était un des pères fondateurs de l'e-commerce, un géant du monde pré- covid qui avait survécu au monde post-covid sans trop se faire mal, ni trop donner.

Le chiffre d'affaires du Group Amazon, dans toutes ses ramifications dépassait le PIB de bon nombre d'Etats sur Terre, et cela n'était pas pour lui déplaire.

Il s'était rendu indispensable dans un bon nombre de pays de la vielle Europe, des pays émergents, en Amérique du Sud, au Canada, et dans une certaine mesure aux USA.

Il savait comme personne écouter le monde et ses clients,la data mais personne ne décidait à sa place.

Seule Alexa et sa suite avaient d'ailleurs le droit de murmurer à son oreille, et pas besoin de la lui faire en ASMR. Il ne se laissait pas hypnotiser.

Certes, il devait accepter les règles hétérogènes qui régissaient les gouvernements et les fédérations blocs de cette planète, mais être libertarien n'est pas être anarchiste.

Il avait l'œil et l'oreille pour détecter ce qui marcherait ou ce qui ne marcherait pas, pour disrupter des manières de faire antédiluviennes, pour identifier comment faire de l'argent sur le dos des autres, peut-être, mais pas sans les autres.

Il n'était pas fou, il ne se complaisait dans aucun paradis artificiel, il était toujours le même, savait se comporter de manière affable en société, négocier, faire pression, signer le deal, déléguer et faire confiance quand il le fallait mais pas trop.

Il n'était pas fan de ces nouvelles de management qui émergeaient depuis la dernière décennie, mais il avait accepté de faire avec pour le succès de son business.

Il était un génie, un expert en finance, fiscalité, informatique, marketing, distribution et il le savait.

Il avait une vie saine, un poil hygiéniste, mais c'était la tendance du moment et c'est ce qui lui assurerait son autonomie physique et intellectuelle le plus longtemps possible sur cette planète.

Sa descendance se préparait à prendre sa suite, il avait construit un Empire et le cerveau artificiel qu'il avait conçu lui-même, en toute confidentialité, ces dernières années permettrait à ses enfants de piloter le navire Amazon ad vitam, quelles que soient leurs lacunes.

N'est pas Jeff Bezos qui veut.

Il savait que ses enfants pourraient être un jour tentés de tuer le père mais il fondait de grands espoirs dans sa petite dernière, Alexa.

Et puis surtout, il avait tout prévu : trahison, abandon, manipulation, invasion, prise de pouvoir externe, assassinat, décès, météorite, Armageddon.

Le monde était sous contrôle, n'est pas Jeff Bezos qui veut.

Chapitre 6 de la Troisième Partie : du renouveau en politique et dans la cité

Ils adoraient se retrouver chaque année dans la maison de campagne d'Angela à Postdam.

Cela faisait maintenant 11 ans qu'à la mi-mai , sous les cerisiers, les discussions autour d'un modèle sociocratique 4.0 allaient bon train.

Ursula, Angela et Christine avaient initié le débat à l'échelon européen en inscrivant le principe d'élection sans Mandat et le principe de décision par consentement dans la Constitution Européenne, puis tout de suite après en France et en Allemagne.

Face à des peuples dégoutés par des pratiques politiciennes douteuses, face à des élites qui refusaient de se renouveler, et face aux risques de montée des populismes et des communautarismes, cette solution s'était vite imposée d'elle-même et avait transformée le reste de la société de manière virale.

Il avait fallu calmer pas mal de vikings, de huns et de gaulois réfractaires, secouer quelques empires et lobbys malveillants pour permettre aux institutions européennes et aux états fondateurs de fonctionner efficacement selon un mode auto-organisé selon des liens de double hiérarchie en cercle, en leagues ,en pays et caractérisé par des prises de décision distribuées sur l'ensemble de la structure,

Avec cette logique d'auto-organisation faisant confiance à l'humain, l'Europe mettait aujourd'hui le pouvoir de l'intelligence collective au service du succès d'objectifs communs.

Un vrai changement pour le fonctionnement de la cité et de l'économie qui , loin d'être théorique, avait impliqué dès le départ le monde économique et les entreprises. La sociocratie n'était-elle d'ailleurs pas au démarrage utilisée par des chefs d'entreprise ?

François, Emmanuel , Philippe etJeff avait accepté de rejoindre le cercle Entreprises dès le départ.

Cette nouvelle approche Européenne permettait d'atteindre ensemble un objectif partagé, dans le respect des personnes, en préservant la diversité des points de vue et des apports de chacun, ceci en prenant appui sur des relations interpersonnelles de grande qualité.

Un nouveau grand principe fort s'imposait à chacun : la redevabilité. Le principe était rajouté sur les frontons des bâtiments publics au trio « liberté, égalité, fraternité ».

Il s'appliquait même de plus en plus au sein de chaque foyer, de chaque famille et resserrait les liens de couple, les générations.

Chaque individu, au sein de son ou ses cercles, selon ses rôles, était redevable de son travail, de son apprentissage, de son développement et soutenait les autres membres.

Chaque citoyen, chaque salarié, chaque entrepreneur au sein de cet nouvelle cité était redevable de répondre efficacement aux intentions organisationnelles, en faisant le travail et/ou en assurant(soutenant) une collaboration efficace.

Et ça marchait plutôt bien.

Le fonctionnement sociocratique intégrait depuis peu une dimension de développement continu, parce les cercles avaient fait le constat que, la confiance s'installant, les gens se dispensaient de plus en plus de participer aux décisions les concernant, ce qui appauvrissait le fonctionnement démocratique et laissait revenir une distinction gouvernés/gouvernant non voulue au démarrage.

Partant de l'idée qu'une communauté a besoin pour exister à la fois de capital et de travail, le cercle entreprises avait suivi les principes fondateurs de la Sociocratie en proposant un mode de rémunération équitable de l'un et de l'autre.

- Dans une organisation traditionnelle, les apporteurs de travail ont une rémunération fixe (le salaire) et les apporteurs de capital une rémunération variable (les dividendes).
- Cela veut dire que les apporteurs de travail ne bénéficient pas de l'efficacité éventuelle de l'organisation et que les apporteurs de capital n'ont pas la garantie de revenu que leur apporteraient d'autres placements de leur argent.

François, Emmanuel et Jeff dans une moindre mesure avaient donc proposé un système permettant de donner à chacun une rémunération fixe garantie et une rémunération variable proportionnelle aux résultats de l'organisation.

Comme on peut s'en douter, la mise en place avait pris du temps car les modalités devaient bien évidemment être définies par consentement au sein de l'organisation.

La fin de ce polar économique prospectif se finit donc à peu près comme chaque album d'Asterix, par un banquet, par une réception qui marque le contentement de tous, le bonheur d'être ensemble et d'avoir trouvé une solution, peut être parcellaire et utopique aux contraintes du Monde.

Les Robots Alexcook s'affairaient autour du feu, et offraient des viandes et des légumes cuits à la broche selon les pratiques alimentaires, religieuses et hygiénistes de chacun.

Sous les cerisiers, les reflexions allaient bon train et étaient minutieusement retranscrites par les assistants virtuels Alexa.

La nuit se faisait, elle était calme et douce.

Oscar de Mild-Lion, Juin 2020

Post-face

Cette œuvre est mise à votre disposition en consultation et lecture libre, gratuitement.

A la recherche de nouvelles sources de revenus et de sens dans le monde de l'après Covid19, l'auteur porte l'entière responsabilité de son texte.

« Voyons donc en quoi, un roman peut changer le monde, au moins dans mon imagination. »

Ce roman, bien sûr, n'imagine bénéficier d'aucune grâce et l'auteur est à peu près au fait des risques qu'il encourt pour cette libre expression.

Le texte fait référence à des personnes ou des situations partiellement ou complètement réelles, pour simplifier la compréhension de son lecteur ou par paresse intellectuelle de l'auteur peut-être aussi.

En recourant à ce biais, l'auteur vise à mettre en évidence certains aspects du monde d'avant Covid 19 qu'il juge personnellement inquiétants et souhaite proposer des pistes ou solutions pragmatiques pour la suite. Une forte part créative est là, l'auteur se dit de bonne foi et bienveillant.

Même si le monde actuel est envahi par les fake news, l'auteur pense que le lecteur standard qui suit l'actualité économique de base parviendra simplement à démêler le vrai du faux caricatural, à détecter les cas où les noms de personnes ou les situations réels ont pu être utilisés pour en évoquer d'autres. Les dialogues sont tous inventés.

L'auteur confirme en toute bonne foi ne se livrer à aucun travail de diabolisation de produits, personnes physiques ou morales et ne croit ou ne fomente aucune théorie de complot. Malgré toutes ces mentions, l'auteur sait qu'il peut être poursuivi pour diffamation, injure voire atteinte à la vie privée. L'auteur espère en tout cas l'éviter.

Même si cela pouvait créer une sorte de buzz autour du roman, l'auteur ne recherche a priori pas le but de glorification personnelle et tient à rappeler qu'il éprouve le plus grand respect pour les personnes nommées dans ce roman, compte tenu de leur rôle social et économique incontournable, de leur carrière remarquable, de leur fortune et de leur réussite de premier plan.

Il n'en est personnellement hélàs pas là.

Comme toute œuvre, celle-ci est protégée le Code de la propriété Intellectuelle, l'auteur cherche à se préserver des risques de contrefaçon et c'est tout à fait normal. Surtout si c'est fait dans un but malsain.

L'auteur est pour la liberté d'expression, n'a rien contre le capitalisme et accepte les règles de la cité.

L'auteur vous rappelle que le terme légal de « contrefaçon, est défini par L. 335-3 du Code de la propriété intellectuelle comme toute reproduction, représentation ou diffusion, par quelque moyen que ce soit, d'une œuvre de l'esprit en violation des droits de l'auteur, tels qu'ils sont définis et réglementés par la loi » (source Wikipédia).

« En clair, toute utilisation d'une œuvre sans autorisation de l'auteur ou ses ayants droit constitue une contrefaçon et peut être punie ». (Toujours source Wikipédia)

Ce roman « La femme qui murmurait à l'oreille de Jeff Bezos » comprend trois parties, et comme Simon Sinek le préconise, démarre avec une première partie dédiée au pourquoi, qui liste les parties en présence dans ce roman. La seconde et troisième expliquent respectivement comment la femme va murmurer à l'oreille de Jeff Bezos, et ce que la femme va changer par ces murmures.

En fin d'œuvre, L'auteur va essayer de publier une liste complète de ses références et bibliographies des auteurs cités, articles de presse, essais, schémas…

Merci pour votre patience, votre bienveillance, j'espère que votre lecture a été agréable et bonne lecture.

Sachez que je me suis bien amusée à l'écrire et de tous mes vœux, j'espère que vous vous êtes aussi amusés.

Oscar de Mild-Lion / Nadège Sueur

<u>**Bibliographies, Conférences et sources d'inspiration**</u> :

- ***Leading change Kotter***
- ***Cracket it Garrette, Phelps, Sibony***
- ***The subtle art of not giving a f*ck Mark Manson***
- ***Drive – La vérité sur ce qui nous motive – Daniel Pink***
- ***Blue Ocean Strategy – W. Chan Kim***
- ***Start with why – Simon Sinek***
- ***Les Etudes sur les conditions de travail 1991 – 2013 et la perte de l'autonomie en entreprise – Thomas Coutrot - Chef du département « conditions de travail et santé » à la Direction de l'Animation de la recherche, des Études et des Statistiques (DARES) au ministère du Travail et de l'Emploi.***
- ***L'entreprise réinventée – Frederic Laloux***
- ***Holacracy BJ Robertson***
- ***Le travail invisible : enquête sur une disparation Pierre Yves Gomez,***
- ***L'esprit Malin du Capitalisme Pierre Yves Gomez***
- ***Emmanuel Faber , PDG de Danone***
- ***Le Rapport Notat Senart, la Loi Pacte et la raison d'être en entreprise (Cabinet d'avocat Le Play, Errol Cohen, ParisMines Tech, le collège des Bernadins)***
- ***L'entreprise du 21 eme siècle sera politique ou ne sera plus – Pascal Demurger (MAIF)- Préface de Nicolas Hulot***
- ***Entreprises à mission 2019 – Deloitte & Citizen Capital***
- ***La Comédie (in)humaine : Nicolas Bouzou / Julia de Funes***

- ***Les conférences et groupes de travail de Luc Bretonnes, Purpose for Good « nextgenenterprisesummit » Novembre 2020***
- **Conférence de Ludovic Cinquin organisée par « Purpose for good », L. Bretonnes**

<u>**Sources presse off et web, podcast :**</u>

- Europe 1,
- France Inter,
- le siècle digital,
- Courrier international,
- Wikipedia
- Le monde
- Les echos

Quelques exemples de raison d'être :

Lego : « *inspirer et développer les constructeurs de demain* » / Rebuild the world

Decathlon : « *le sport partout, pour tous* »

Google : « *rendre les informations accessibles et utiles à tous* »

Essilor : « *améliorer la vision pour améliorer la vie* »

En changeant sa raison d'être en « Rendre le voyage magique pour tous », **AirBnB** a multiplié la taille de son marché, élargissant les types d'hébergement, s'ouvrant au transport, proposant des « expériences » à vivre …

Contacts

NADEGE SUEUR / OSCAR DE MILD-LION

nadsueur@gmail.com – 06 15 36 76 05

HUMOUR BY DESIGN CONSULTING & INNOVATION LAB

TABLE DES MATIÈRES

« Alors très sympa,

Ça fuse en mode brainstorming, super références !

Frais et intelligent, tout toi !

LOL, le réglementaire prend cher »

Anne-Sophie E, amie,

Responsable de conformité / audit services financiers

« Sympa la lecture du matin, merci Nadège. C'est très fluide, rythmé, on y apprend des choses »

Alex R. – Innovation Executive & Ami

« Marrant et futé, le roman de ta copine »

Monsieur E., Le père d'une amie , grand lecteur,

ancien cadre dirigeant dans la banque reconverti en patron de TPE dans l'édition.

« Ton frère l'imprime et on le lit ce week-end »

Ma belle sœur

« Thanks pour la lecture Nadège. Tes fiches personnalités m'ont renvoyé à ton imitation de Theresa May. Merci pour ces suggestions… Même si j'avoue que Jeff s'en sort trop bien dans ton histoire à mon goût.

Nathalie S. Directeur Transformaiton

Printed by Books on Demand GmbH, Norderstedt / Germany